KB070317

Group Art Therapy Program for
Children and Adolescents

아동·청소년
집단미술치료 프로그램

| 김인선 · 전은청 · 오승주 · 이혜진 공저 |

학지사

머리말

아동기와 청소년기는 인생의 주기에서 가장 많은 경험과 학습을 통해 성장하는 시기이다. 또한 사회적 관계 형성이 매우 중요하게 대두되며 신체적, 심리적, 정서적으로 자아가 크게 변화하고 성장하는 시기이기도 하다. 이 시기의 아동 · 청소년은 또래관계로 인한 사회적 갈등을 경험하게 되며, 그로 인한 부적응이 다양한 문제로 나타난다. 아동기와 청소년기의 부적응 문제는 이후의 발달과정, 즉 성인기와 그 이후에도 심각한 영향을 미치기 때문에 이 시기의 갈등과 어려움을 극복할 수 있도록 하는 중재가 요구된다.

집단미술치료는 또래관계로 인한 사회적 갈등을 경험하는 아동 · 청소년에게 매우 유용한 중재 도구가 된다. 특히 공통의 어려움을 가지고 있는 대상들이 미술 매체를 활용하여 상호작용을 함으로써 긍정적인 변화를 이루어 내고 유사한 경험을 함께 나누어 가며 서로에게 지지적인 역할과 도움을 제공할 수 있다. 미술이라는 접근성이 쉬운 매체를 통해 언어적으로 표현하기 힘든 문제들을 은유적이고 상징적으로 표현할 수 있게 하여 훨씬 안전하게 자신을 드러낼 수 있다. 또한 창의적인 작품 활동은 카타르시스를 경험하게 하고 자존감을 높여 줌으로써 또래 간 소통을 더욱 원활하게 해 준다.

많은 상담사는 다양한 임상현장에서 항상 비슷한 고민을 한다. 상담실에서의 개인상담은 물론이고 학교나 기관과 연계된 집단상담이 의뢰되면, 임상에 들어가기 전 대상자의 특성과 유형에 적절한 목표를 세우며 어렵게 프로그램을 구안한다. 프로그램 진행 효과는 상담사의 개인 역량에 따라서도 좌우되겠지만, 프로그램 계획안에 따라서도 크게 차이가 난다.

이에 저자들은 임상현장에서 상담사들이 겪는 고충을 조금이라도 덜어 주고, 아동·청소년에 대한 실제적인 이해를 돕기 위해 유형별 프로그램 가이드 라인을 제시하는 데 뜻을 같이하였다.

이 집단미술치료 프로그램은 또래와의 상호작용과 자신에 대한 보다 깊은 이해를 통해 부정적인 사고를 긍정적으로 전환하도록 돕고 또래와의 긍정적인 의사소통의 중요성을 강조하였다. 아동·청소년기는 자신에 대한 자아정체감 (self-identity)이 확고하게 형성되지 않은 시기이므로, 집단 속에서 자기통찰을 하면서 관계 형성의 변화를 가져오고 나아가 자존감과 자아개념 형성에 중요한 영향을 미침을 강조하였다.

'아동·청소년 집단미술치료 프로그램'의 유형 분류는 저자들이 그동안의 임상경험을 통해 학교현장에서 아동·청소년에게 가장 많이 요구되었던 주제들로 선별하였고, 집단프로그램 임상경험을 바탕으로 효과적이었던 내용을 중심으로 구성하였다.

프로그램 적용 전과 후에 실시하게 되는 사전·사후 검사는 회기에서 제외하였다. 대상자 유형과 특성별로 구분한 전체 프로그램 구성은 초기, 중기, 종결기로 나누었으며, 각 회기의 구성은 도입과 프로그램 진행으로 구분하여 이 책을 사용하고자 하는 상담사들이 구조화하기 쉽게 구성하였다. 각 회기마다 프로그램을 적용하는 목적과 그에 따른 기대효과를 제시하여 프로그램 운영 시 뚜렷한 목표를 가지고 운영할 수 있도록 정리해 놓았다. 그리고 본 프로그램으로 들어가기 전 집단원의 친밀감 형성과 본 활동의 역동을 이끌어 내기 위한 워밍업 활동을 도입에 제시하였고, 미술치료 본 프로그램의 진행절차는 초보 상담사들이나 비상담사들도 임상장면에서 이해하기 쉽도록 최대한 간략하게 기술하였다. 또한 회기별 유의점이나 Tip을 제시하여 프로그램을 진행하는 데 구체적인 도움을 주고자 하였고, 부록에는 프로그램에 사용되는 여러 활동 자료를 따로 제시하여 상담사들이 현장에서 바로 복사하여 사용할 수 있도록 실제 적용성을 높였다.

'아동·청소년 집단미술치료 프로그램'이 미술치료사들과 상담사들이 집단

상담 현장에서 손쉽게 적용하여 활용할 수 있는 구체적이고 실제적인 치료 방안이 되도록 하는 데 중점을 두고 개발된 만큼, 이 책이 우리나라 아동·청소년이 성장과정에서 겪는 아픔을 조금이나마 덜어 주는 도구로 사용되었으면 좋겠다.

2020년 가을
저자 일동

차례

1부

아동을 위한
집단미술치료 프로그램

01 아동의 분노조절을 위한 집단미술치료 프로그램

오늘날 사회는 분노 문제로 유발되는 사건 사고가 점차 증가하고 있다. 사회적 환경 탓에 경쟁적인 관계가 점점 더 심화되고 있으며, 사람들은 스트레스를 해소할 수 있는 여유를 확보하지 못한 채 각박한 삶을 살고 있다. 그러다 보니 현대사회를 살아가는 많은 사람은 내면의 분노를 해소하지 못한 채 크고 작은 갈등에 제대로 대처하지 못하고, 감정조절이 어려워지며, 신체적 건강에도 영향을 미치는 등 문제 상황이 발생한다. 이러한 분노의 문제는 비단 어른들만의 이야기가 아니다. 현대사회를 살아가는 많은 유아·아동 및 청소년들도 가족관계에서 경험하는 다양한 억압과 스트레스 상황, 경쟁적인 학교생활, 점차 줄어드는 신체활동, 빠듯한 학원시간으로 인해 갖지 못하는 여유로움, 또래관계에서의 어긋남 및 소외감 등으로 인한 내면의 분노감이 팽배해 있으며, 그로 인해 다양한 부적응 문제가 나타나고 있다.

특히 아동들은 자신들 내면의 부정적인 분노의 감정들에 대해 제대로 인식하지 못하는 경우가 많으며, 그러한 감정들을 어떻게 표출하고 조절하여야 하는지에 대한 적절한 지도와 개입을 미처 받지 못한 상태에서 청소년기를 맞이하게 되는 경우가 많다(전은청 외, 2010). 그러한 경우 아동은 분노조절의 실패로 인해 자칫 청소년기에 비행 또는 폭력, 다양한 일탈 행동으로 전이될 가능성이 크게 나타난다(Ray, Blanco, Sullivan, & Holloman, 2009). 따라서 자아개념이 형성되는 아동기에 자신의 분노감정을 올바르게 조절하는 힘을 길러 주는 것은 학교생활에서 원만한 또래관계를 형성할 수 있도록 할 뿐 아니라 청소년기와 성인기의 삶에 영향을 주는 기초가 될 수 있다(임희수, 박성연, 2002).

Plummer(2008)는 아동의 분노는 두려워하거나 거부하거나 억압해서는 안 되며, 어린 아동들이 자신들의 분노감정을 성공적으로 조절하려는 방법들을 배울 수 있도록 도움이 필요하다고 말한다. 아동기를 대상으로 한 분노조절프로그램은 발달과정 속에서 아동의 성장·발달에 필요한 개입이며, 앞으로 발생 가능한 아동·청소년 문제를 예방하는 데 필요하다고 본다.

오늘날 아동의 분노조절을 위해 주로 사용되는 프로그램의 접근 방식은 인지행동치료(cognitive behavioral therapy) 기법이 주를 이룬다. 분노의 유발과정을 살펴보면, 아동은 촉발사건에 대해 자신의 과거 경험을 통해 세운 도식으로 그 상황에 대한 자동적 사고와 비합리적 신념을 가지고 인지적 왜곡을 일으켜 부정적 해석을 내림으로써 분노를 유발한다(Beck, 2000). 따라서 분노조절에 있어 아동의 자동적 사고와 비합리적 신념은 중요한 핵심주제가 되며, 왜곡된 사고와 신념의 변화는 정서적 변화에 영향을 줄 수 있음을 보게 된다. 그동안의 분노조절프로그램은 인지적 사고의 변화를 통해 정서가 변한다는 견해를 가지고 분노의 정서적인 부분에 초점을 두기보다는 인지적 준비, 기술습득, 그리고 적용의 훈련 단계를 이용하여 분노를 통제하고자 하는(이윤경, 2003) 교육과 훈련의 성격을 더 많이 가지고 있다.

하지만 인지행동적 입장에서 왜곡된 사고의 변화를 통해 부정적 분노감정을 변화시킬 수 있다 하더라도 단지 인지적인 왜곡 부분에만 초점을 둔다는 것은 발달단계상 아직 논리적으로 미숙한 아동에게 있어 적합하지 않다는 견해가 최근 들어 증가하고 있다(전은청 외, 2012; 김미영, 2010). 특히 그동안의 분노조절프로그램 효과성에서 아동의 분노억압 및 또래관계에서 일관되지 못한 결과를 나타내고 있는데, 이는 프로그램의 구성이 부정적 감정의 해소보다는 조절에 목적을 두고 있기 때문이다(전은청, 2012). 그러다 보니 프로그램 자체가 연습과 훈련 위주로 이루어지고 장기적인 효과성을 보여 주지 못하고 있다.

아동이 분노를 유발하게 되는 왜곡된 도식의 형성은 주로 양육 과정에서의 부정적 경험이 원인이 되는 경우가 많은데, 아동은 자신의 그러한 부정적 감정의 원인을 논리적으로 통찰할 수 있는 능력이 아직 미성숙하여 인지적 조절훈련이 아동의 그러한 부정적 감정을 충분히 해소해 주지 못하고 결국 똑같은 상황이 되면 부정적 정서표출을 하게 된다. 그러므로 아동을 대상으로 한 분노조절프로그램은 좀 더 활동적이고 표현적이어야 하며 정서적이어야 한다.

정서적인 측면을 보완하기 위해 다양하게 적용되고 있는 분야 중에서도 아동에게 가장 친근하게 다가가는 분야가 미술치료이다. 미술치료는 언어적 표현이 어려운 내담자들의 내적 심상을 비언어적인 방법, 즉 미술작품을 통해 외현화함으로써 자신을 통찰하고 극복할 수 있는 에너지를 상승시켜 주는 심리치료 방법이다. 특히 아동의 심리 정서에 효과적인 것으로 나타나고 있는데, 이는 미술이 아동에게 친숙하게 느껴지는 분야일 뿐 아니라 언어적인 표현이 미숙한 아동에게 표현하기 어려운 자신의 내적 문제를 표현하는 데 유용한 매체이기 때문이다.

인지행동 미술치료는 미술작품에서의 인지적 본질을 활용하여 인지적 왜곡의 변화와 긍정적 사고변화의 촉진을 일으키며, 특히 아동이 언어적으로 표현하기 어려운 내적 언어를 시각적 메시지로 변화시킴으로써 자신들의 내적 언어를 발견하고 격려 받을 수 있다는 장점이 있다. 따라서 언어적 기술이 부족하다 하더라도 시각적 언어로 표현함으로써 아동이 좀 더 쉽게 자신의 인지적인 오류를 통찰할 기회를 제공하게 된다. 그러므로 미술기법이 적용된 인지행동 미술치료는 아동의 분노조절프로그램을 구성함에 있어서 적절하고 유용한 이론과 방법이라 할 수 있다.

아동의 분노조절을 위한 집단미술치료 프로그램

1. 주목표: 아동의 분노감정을 해소하고 그 분노에 대해 스스로가 인식함으로써 통제력을 획득하고 건강한 정서 표현력을 향상시킨다.

2. 단계별 목표

단계	회기	목표
초기	1~2	분노탐색 및 목표설정
중기 1	3~4	분노감정에 대한 인식과 해소
중기 2	5~6	• 분노와 관련된 인지도식 탐색 및 상황인식 • 분노조절훈련
종결기	7~8	초기 설정한 목표를 확인하고 변화된 자신을 경험한다.

3. 프로그램 구성

- 회기: 총 8회기, 회당 50분
- 대상: 아동 8명 이내(개인치료도 가능)

4. 프로그램 세부내용

회기	단계	주제	활동내용
1	초기	소개 및 규칙	• 프로그램 소개와 규칙 제시 • 자신에 대해 소개하는 시간을 가짐 • 프로그램 구조화를 통해 집단원의 참여 동기를 고취함
2		분노는 어떤 느낌일까요?	• 분노에 대한 이해와 나의 분노지수 알기 • 나의 목표판을 통해 참여 목표를 구체화함 • 목표설정을 통한 동기를 부여함

3	중기 1	분노 인식하기	• 분노를 형상화하여 구체적인 분노 탐색 • 자신의 분노를 인식함
4		스트레스 물리치기	• 신문지 찢기 활동을 통한 스트레스 해소 • 분노의 재탄생: 분노의 수호신 • 분노감정 해소 경험
5	중기 2	분노는 어떻게 생기나요?	• 생각의 화분을 통해 분노과정을 이해함 • 분노 유발 인지도식 탐색
6		상황에 따른 해석과 탐색	• 생각의 차이를 경험하고 다름에 대해 이해함 • 사고의 관점전환 경험
7	종결기	문제 해결하기	• 무인도 활동을 통해 갈등해결을 경험함 • 문제 상황 탐색 및 대안 제시하기
8		할 수 있어요!	• 초기목표를 확인하고, 트로피 작업을 통한 성취감 경험 • 프로그램 참여에 대한 피드백을 나누고 종결 파티를 함 • 앞으로의 비전 제시, 긍정적인 마무리

1) 초기: 1~2회기

초기 단계는 프로그램을 이해하고 아동이 스스로 자신의 분노를 탐색하며 목표를 세우는 단계이다. 프로그램의 전체를 구조화하고 방향성을 제시하는 단계로 주로 인지행동적인 기법을 중심으로 진행한다.

1회기 소개 및 규칙

프로그램을 소개하는 회기로서 참여하는 아동들에게 프로그램의 목적과 목표를 분명히 제시하여 아동이 프로그램의 성격을 충분히 이해할 수 있도록 한다. 첫 회기는 앞으로 남은 회기의 원활한 진행을 위한 중요한 회기로서, 프로그램을 진행하는 동안의 집단 규칙을 제시하고 아동들이 지켜야 할 사항을 스스로 정할 수 있도록 한다. 자기소개 시간을 통해 집단원에게 자신을 특징지어 설명하고, 이를 통해 집단원이 서로 알아 가는 시간을 갖도록 한다.

> * **준비물**: 규칙지(부록 3 '규칙지'), 색지(A4 사이즈), 색연필, 사인펜, 다양한 스티커

◎ **프로그램 진행**

① 프로그램 소개: 프로그램 이름에 대한 설명과 프로그램의 진행 목적을 설명한다.

② 규칙 제시: 8회기의 진행 기간 동안 집단원이 반드시 지켜야 할 규칙을 안내하고 서명을 받는다. 이러한 동의 과정은 앞으로의 상담을 구조화 시키는 데 중요한 역할을 담당한다.

③ 자기소개하기

- 미리 준비한 A4 사이즈 색지에 자신의 이름(혹은 별칭)을 적는다.
- 자신을 상징할 수 있는 색으로 이름을 색칠하거나 스티커를 붙여 꾸민다.
- 이름 옆에 자신이 좋아하는 것, 싫어하는 것, 관심 갖고 있는 것들에 대해 적는다.
- 완성 후 서로 소개하는 시간을 가진다.

2회기   분노는 어떤 느낌일까요?

인간이 가진 여러 가지 감정들 중에서 '분노'에 대한 이해를 돕는 시간이다. 분노감정에 대한 보편적인 특성과 장단점을 배우고 자신이 가진 감정에 대한 이해를 돕는다. 자신이 경험하고 있는 감정이 비단 혼자만의 감정이 아닌 다른 사람들도 경험할 수 있는 것임을 이해하고, 분노가 부정적이지만은 않으며 어느 정도 나의 삶에 필요한 요소임을 이해할 수 있도록 한다. 분노에 대한 이해의 과정을 거친 후 8회기 이후에 자신이 어떤 결과가 나타나기를 원하는지 떠올려 보게 하고 목표를 설정하여 이 프로그램에 대한 동기를 부여한다.

* 준비물: 분노지수 검사지, 분노온도계와 목표 활동지(부록 참조), 우드록 판, 색연필, 사인펜, 양면테이프

◎ 도입: 분노란 무엇일까요?

① 분노에 대해 이야기한다.

"분노는 인간이 가지고 있는 가장 기본적인 정서 중 하나이며, 태어나서 3개월이 되면 나타납니다. 분노는 사람이 살아가는 데 꼭 필요한 정서로 다른 사람에게 공격을 받았을 때, 피해를 입었을 때, 심각한 스트레스를 경험했을 때, 내 욕구를 주장하는 것이 두려울 때 도움이 되는 감정입니다.

그러나 분노는 심하면 주변에 피해를 주기도 합니다. 친구 관계를 망치게 하거나, 부모님이나 형제 사이가 멀어지기도 합니다. 또한 주변의 중요한 물건을 부수게도 하고, 사람을 다치게도 합니다. 그로 인해 나에게 책임이 돌아오기도 합니다. 분노가 심해지면, 건강에도 문제가 나타납니다. 혈압이 올라가고, 심장에 무리가 생기며, 통증이 생기거나 암에 걸릴 수도 있습니다."

② 집단원이 생각하는 분노의 의미에 대해 나눈다.

◎ 프로그램 진행

나의 분노지수 알기

분노지수 검사를 통해 나의 분노 정도에 대해 살펴보고 결과에 대한 느낌을 나눈다. 채점은 '예' 1점, '아니요' 0점으로 계산한다.

분노지수 검사지

1. 일이 잘 안 풀리면 포기가 빠르고 좌절감을 느낀다. (예/아니요)
2. 평소에도 급한 성격을 가지고 있어 쉽게 흥분을 한다. (예/아니요)
3. 타인의 잘못을 그냥 넘기지 못하고 항상 마찰을 일으킨다. (예/아니요)
4. 자신이 잘한 일은 인정해야 하고, 인정받지 못한 것으로도 화가 난다. (예/아니요)
5. 타인이 나를 무시하는 것 같아 자주 억울하다는 생각이 든다. (예/아니요)
6. 화가 나면 일단 주변의 물건을 던지는 습관이 있다. (예/아니요)
7. 중요한 일이나 약속에 있어서 화를 참지 못해서 일을 그르친 적이 있다.(예/아니요)
8. 분노를 어떻게 조절해야 할지 몰라서 쩔쩔 맸던 경험이 있다. (예/아니요)
9. 내가 화가 난 경우에 다른 사람에게 욕을 하거나 폭력을 휘두른 경험이 있다. (예/아니요)
10. 게임을 할 때 내가 원하는 대로 잘 풀리지 않을 땐 화가 나곤 한다. (예/아니요)
11. 내 잘못인데 다른 사람의 잘못으로 돌려서 도리어 화를 낸 적이 있다. (예/아니요)
12. 분노가 잘 풀리지 않아서 눈에 눈물이 고인적도 있다. (예/아니요)

－3개 이하: 일반적 범주
－4~8개: 감정 조절 능력이 조금 떨어진 상태
－9개 이상: 전문가의 상담이 필요함

출처: 마틴 셀리그만(2006). 긍정 심리학: 진정한 행복 만들기.

경험 나누기

① 분노가 유발되었던 경험에 대해 이야기를 나누고 그것이 나에게 도움이 되었었던 점과 손해가 되었던 점에 대해 이야기한다.

② 분노온도계를 통해 각각의 정도를 인식하게 한다.
   "분노온도계에 자신의 분노가 몇 도인지 표시해 봅니다."

나의 목표판 만들기

① 이번 주부터 8회기를 마치는 주까지의 매주 목표를 정한다.
② 상담사가 미리 준비해 간 목표 활동지 안에 자신이 정한 나의 목표를 적어 준다.
③ 작성한 목표 활동지를 우드록판에 붙이고 자신의 이름을 적는다.
④ 각자 정한 목표에 대해 나눈다.
⑤ 다음 주까지 한 주 동안의 목표를 작성하고 마무리한다.

유의점
- 목표는 집단원이 지킬 수 있는 수준의 목표를 정할 수 있도록 한다. 지나치게 큰 목표는 지키지 못했을 경우 오히려 좌절감을 경험하게 하고 변화의 동기를 떨어뜨린다.
- 단계별 목표는 한 번에 다 적는 것이 아니라 매주 결정하여 적는다.

2) 중기 I: 3~4회기

아동의 내적 분노를 표출하고 해소함으로써 심리적 이완을 경험하며, 분노 상황에서 대처하는 방법들에 대해 본격적으로 제시하게 되는 단계이다. 미술치료기법을 통해 내면의 분노를 지각하고 인식을 토대로 한 해소를 경험함으로써 다음 단계로 넘어갈 수 있는 도약의 단계라 할 수 있다.

3회기 분노 인식하기

이전 회기까지는 인지적으로 나의 분노를 지각해 보았다면, 이번 회기에서는 그 분노를 구체적으로 외현화하는 작업을 통해 좀 더 현실감 있게 자신의 분노를 통찰하도록 돕는다.

* 준비물: 4절 켄트지, 크레파스, 색연필, 사인펜, 수채화 도구, 지점토, 와이어 철사

◎ 도입: 목표 점검
지난주 정했던 목표에 대해 점검하고, 실천할 수 있었던 점과 실천하기 힘들었던 점에 대해 이야기 나눈다.

◎ 프로그램 진행

분노 형상화하기

① 4절 켄트지에 크레파스를 이용하여 자신의 분노감정을 그려 보게 한다.
   "만약 당신의 분노가 어떤 모습을 가지고 있다면 우리 눈에는 어떻게
   보일까요?"
② 와이어 철사로 분노감정을 선의 형태로 표현해 본다.
③ 지점토로 분노감정을 입체 형태로 만들어 본다. 만든 후에는 물감으로
   채색을 한다.
④ ②와 ③을 ① 위에 배치하게 한다.
⑤ 완성작을 보면서 자신의 분노감정에 대해 자각한 것들을 이야기한다.

목표 정하기
다음 주의 목표를 정하고 마무리한다.

4회기   스트레스 물리치기

4회기의 활동은 좀 더 본격적으로 내면의 부정적인 감정을 해소하는 시간이
라 할 수 있다. 지난 회기까지의 활동에서 인식한 자신의 분노감정에 대해 좀
더 표출하고 풀어냄으로써 해소의 경험을 가질 수 있도록 한다.

* 준비물: 신문지, 전지 켄트지, 12색 유성매직, 박스테이프, 양면테이프, 수
   채화 도구

◎ 도입: 목표 점검
   지난주 정했던 목표에 대해 점검하고, 실천할 수 있었던 점과 실천하기 힘
   들었던 점에 대해 이야기 나눈다.

◎ 프로그램 진행

신문지 찢기 활동

① 나를 화나게 하는 것들, 스트레스를 주는 것들을 떠올리며 신문지를 찢는다.

② 내면에 있는 화나고 스트레스 받은 감정들을 모두 날려 보내는 심정으로 찢은 신문지 조각들을 날려 보거나 뭉쳐서 던져 본다.

분노의 재탄생: 분노의 수호신

① 집단원을 두 그룹으로 나누어서 찢어져 있거나 뭉쳐져 있는 신문지를 전지 켄트지에 붙이고 우리의 화난 감정을 도와주고 지켜 주는 '분노의 수호신'을 표현한다.

② 수채화 도구로 채색을 하고 분노의 수호신의 이름을 지어 준다.

③ 완성 후에 감상을 하며 느낌을 나눈다.

목표 정하기

다음 주의 목표를 정하고 마무리한다.

유의점

• 신문지는 넉넉히 준비하여 충분히 발산할 수 있도록 한다.
• 신문지를 찢는 것에 소극적인 아동을 위해 상담사가 먼저 시범을 보여 주며 촉진시켜 준다.

3) 중기 2: 5~6회기

중기 1단계에서 분노를 인식하고 해소하는 경험을 했다면, 중기 2단계는 인지행동기법을 적용하여 좀 더 인지적으로 자신의 분노를 탐색하고 조절할 수

있도록 돕는 단계이다. 분노를 유발하는 인지도식을 탐색하고 사고의 전환을
통해 감정의 방향을 바꿔 나갈 수 있도록 돕는다.

5회기   분노는 어떻게 생기나요?

  분노의 형성과 표출 과정을 생각과 감정과 연결하여 보는 회기이다. 인지행
동치료에서는 선행사건에서의 자동적 사고가 분노감정을 유발한다고 보고 있
다. 이를 분노를 유발하는 인지도식이라 하고 인지도식을 이미지화시켜 아동
이 좀 더 구체적으로 자신의 분노유발 단계를 이해할 수 있도록 돕는다. 이번
회기의 활동은 실제적으로 인지도식이 감정을 어떻게 유발하는가를 외현화시
켜 보여 줌으로써 좀 더 자신의 분노감정을 조절할 수 있도록 돕는다.

  * **준비물:** 빈 미니 화분, 흙(또는 색모래), 나뭇가지, 색종이, 가위, 풀, 사인
  펜, 알약편지(캡슐편지)

◎ 도입: 목표 점검
  지난주 정했던 목표에 대해 점검하고, 실천할 수 있었던 점과 실천하기 힘
  들었던 점에 대해 이야기 나눈다.

◎ 프로그램 진행

생각의 화분
① 분노감정을 일으키게 되는 단계를 설명한다.

선행사건 ➡ 생각 ➡ 감정

② 각자에게 분노감정을 일으켰던 선행사건들을 생각해 보고, 이야기를
  나눈 후, 알약편지에 적는다.
③ 빈 화분에 알약편지들을 넣고 그 위에 흙(또는 색모래)으로 덮어 준다.

"우리는 이 화분에 씨앗을 심었어요. 이 씨앗은 우리를 화나게 했던 일과 같은 거예요. 이 씨앗을 심음으로써 이 화분에는 어떤 생각과 기분이 자랄지 생각해 봐요. 그 일로 우리 마음속에 어떤 생각들이 떠올랐나요? (집단원의 생각들에 대해 이야기를 나눈다.) 그것이 바로 생각의 줄기예요."

④ 나뭇가지를 화분에 꽂는다.

"자, 씨앗을 심으니 생각의 줄기가 올라왔어요. 그런 생각들이 들 때 여러분은 어떤 기분이 들었나요?(기분에 대해 들어 본다.) 그 기분을 꽃으로 표현해 볼게요."

⑤ 원하는 색상의 색종이를 선택하여 꽃을 그리고 오린 후, 나뭇가지에 달아 준다.

⑥ 완성된 화분을 보며, 분노감정이 형성되는 ①의 과정을 되짚어 본다.

⑦ 오늘 활동에서 느낀 점을 나눈다.

목표 정하기
다음 주의 목표를 정하고 마무리한다.

유의점
• 나뭇가지를 준비하기 어려운 경우, 공예철사를 이용할 수 있다. 공예철사를 나뭇가지 모양으로 만들어서 사용한다.

6회기 상황에 따른 해석과 탐색

동일하게 제시된 조건에서 각자가 얼마나 다른 생각의 차이를 가지고 있는지를 경험하게 하고, 이를 통해 다름을 인식하고 이해하는 시간을 가지게 한다. 서로의 다름이 때로는 오해를 일으킬 수도 있음을 이해함으로써 분노가 유발되는 상황을 조절할 수 있도록 돕는다.

* 준비물: 물고기 도안(부록 참조), 가위, 풀, 4절 켄트지, 사인펜, 색연필

◎ **도입: 목표 점검**

지난주 정했던 목표에 대해 점검하고, 실천할 수 있었던 점과 실천하기 힘들었던 점에 대해 이야기 나눈다.

◎ **프로그램 진행**

수족관 나라

① 개인별로 물고기 도안을 제시하고, 물고기 도안에 자유롭게 색칠하며 4절 켄트지 위에 오려 붙인다.

"여기는 깊은 바닷속입니다. 이곳에는 다양한 물고기들이 생활하고 있습니다. 여기에 있는 이 물고기들이 무엇을 하며 생활하고 있는지 물고기 도안을 자유롭게 색칠해서 붙여 주세요."

② 물고기를 오려 붙인 후, 추가적으로 사인펜과 색연필로 바닷속 장면을 꾸며 준다.

③ 완성된 그림에 간단한 이야기를 만들어서 적는다.

④ 완성 후, 두 그룹으로 나누어 서로의 그림을 탐색해 본다.
   • 동일한 물고기가 각자의 그림에서 어떤 역할의 차이를 보이고 있는가?
   • 동일한 물고기가 각자의 그림에서 어떤 성격의 차이를 보이고 있는가?
   • 어떤 내용의 다름이 있고 어떤 공통점이 있는가?
   • 만약 내 그림에서 다른 친구들의 그림에서의 물고기처럼 성격이나 역할이 바뀐다면 어떤 변화가 나타날까?
   • 만든 이야기에 대해 의견을 나눈다.

⑤ 오늘 활동에서 느낀 점을 나눈다.

목표 정하기

다음 주의 목표를 정하고 마무리한다.

유의점

• 물고기 도안은 10종류 내외가 적절하며, 집단원 한 명이 1세트씩 사용할 수 있도록 준비한다. 이때 모든 집단원은 동일한 도안종류로 작업하여야 한다.

4) 종결기: 7~8회기

마무리 단계는 그동안 프로그램에 참여한 아동들이 초기에 세웠던 목표를 확인하고, 성취감을 경험하는 단계이다. 그동안 상황에 대한 인식 전환을 통해 앞으로 각자의 갈등상황에서 어떤 대처를 해 나가는 것이 좋을지에 대한 방안을 모색해 보고 실천할 수 있도록 독려한다.

7회기 **문제 해결하기**

제시된 문제 상황을 '무인도'라는 섬에 비유하여 아동들 스스로가 대안을 제시하고 해결해 나갈 수 있도록 한다. 협력하여 문제를 해결하고 긍정적인 방향으로 이끌어 나가는 경험을 통해 아동들은 배려와 이해를 경험하게 될 수 있다.

* **준비물**: 백자토(10kg), 우드록판 전지 사이즈, 수채화 도구, 다양한 자연물들(예: 나뭇가지, 조개껍질, 자갈 등), 이쑤시개, 나무젓가락

◎ **도입: 목표 점검**

지난주 정했던 목표에 대해 점검하고, 실천할 수 있었던 점과 실천하기 힘들었던 점에 대해 이야기 나눈다.

◎ 프로그램 진행

해결의 섬

① 두 그룹으로 나누어 그룹원에게 다음과 같은 문제 상황을 제시한다.

　"여러분이 탄 배가 갑자기 풍랑을 만나 난파하고 말았습니다. 한참을
　지나 눈을 떠 보니, 어느 무인도 해변에 쓰러져 있습니다. 여러분은 구
　조를 받을 때까지 이 섬에서 생활을 해야 합니다. 지금부터 이 무인도
　를 여러분이 살기 좋은 곳으로 만들어야 합니다."

② 집단원이 함께 우드록판이 바다라고 상상하고 그 위에 흙과 여러 부재
　료들을 이용하여 섬을 만든다.

③ 만드는 과정 도중에 상담사가 갈등상황을 다시 제시한다.

　"갑자기 무인도에 폭풍우가 몰려왔습니다. 여러분이 열심히 만들어 간
　무언가가 그만 파괴되고 말았어요." 그리고 상담사는 각 섬의 배치물
　을 한 가지씩 파괴시킨다. "중요한 시설이 그만 부서지고 말았어요. 이
　제부터 여러분은 힘을 합쳐 다시 이 섬을 재건해야 합니다."

④ 구체적인 구조물이 완성되면 물감으로 채색한다.

⑤ 섬의 이름을 상의하여 정하고, 섬을 만들며 느낀 점에 대해 이야기 나
　눈다.

　• 처음 무인도를 꾸며 나갈 때의 생각과 느낌은?

　• 중간에 상담사가 중요 시설을 파괴했을 때 느낀 감정과 생각은?

　• 만약 화가 났다면 어떻게 하고 싶었는지? 그리고 어떻게 참을 수 있
　　었는지?

　• 섬을 만들어 나가는 과정에서 집단원 간 생각의 차이점과 공통점은?

　• 생각의 다름을 어떻게 조율하였는지?

　• 문제를 해결하기 위해 필요한 것들은 무엇이었는지?

⑥ 오늘 활동에서 느낀 점을 이야기 나눈다.

목표 정하기

다음 주의 목표를 정하고 마무리한다.

8회기   할 수 있어요!

마지막 회기로서 참여한 집단원이 그동안의 목표를 점검하고 성취감을 경험함으로써 앞으로 스스로 해낼 수 있다는 자신감을 형성하는 회기이다. 아동들은 이번 회기에서 그동안 자신들의 목표를 어떻게 지키고 달성해 왔는가를 점검하고, 스스로를 위로하고 축하함으로써 자신들의 분노감정을 조절하고 다스리는 것이 결코 어렵지 않다는 자신감을 형성할 수 있다.

* **준비물:** 11회기까지의 목표 활동지, 휴지심, 반구(소형), 스카치테이프, 금색 폼클레이, 비즈 스티커, 이쑤시개, 가위, 다과

◎ **도입: 목표 점검**

지난주 정했던 목표에 대해 점검하고, 실천할 수 있었던 점과 실천하기 힘들었던 점에 대해 이야기 나눈다.

◎ **프로그램 진행**

목표 확인하기

① 그동안 작성했던 목표 활동지를 보면서 자신들의 여정을 살펴본다.
  • 목표 활동지를 보고 느낀 점을 이야기 나눈다.
  • 목표를 이루면서 어려웠던 점, 잘 해낼 수 있었던 점, 힘들었던 점들에 대해 나눈다.
② 이후의 나의 목표에 대해 생각해 보기

나에게 주는 트로피

① 휴지심과 반구(소형), 스카치테이프, 이쑤시개, 가위를 이용하여 자신
  이 받고 싶은 트로피를 만든다.

② 만든 형상에 금색 폼클레이로 덮어 준 후, 비즈스티커로 장식한다.

③ 트로피의 이름을 정해 준다.

④ 트로피 수여식을 한다.

소감 나누기

다과를 나누며 그동안의 활동에서 느낀 점을 이야기 나눈다.

02 아동의 공격성 감소를 위한
집단미술치료 프로그램

아동기 공격성은 건강한 성장발달을 저해하고 장기 간에 걸쳐 유지되어 사회적인 문제로 발전될 가능 성이 높다. 오늘날 공격성으로 인한 문제가 심각하게 대두되고 있는데, 공격성 의 정도는 점차적으로 잔혹해지고 있다. 특히 이러한 잔혹한 공격성을 표출하 는 연령이 점차 낮아지고 있어 우려스러운 상황이다. 해가 갈수록 잔혹해지는 성인 또는 중·고등학생의 공격성이 사회적으로 문제가 되고 있다. 더구나 이 러한 잔혹한 공격성을 표출하는 연령이 점차 낮아지고 있다는 것이다. 교육부 가 초·중·고등학교(초4~고3) 학생들을 대상으로 2019년 8월 26일 발표한 '제 1차 학교폭력 실태조사' 결과 피해 응답률을 보면, 초등학생이 월등히 높았으 며, 피해 유형별로 차지하는 비중은 언어폭력이 35.6%로 가장 높았고, 전년도 에 비해 0.9% 증가하였다(교육부 보도자료, 2019).

특히 아동기 공격성은 청소년기 다양한 정신건강과 대인관계에 영향을 주고 부정적인 방향으로 발전할 가능성이 크다. 공격적인 행동을 보이는 아동은 학 교에서 또래들과 잦은 시비와 말다툼, 분노조절 실패, 공격행동 등의 표출, 사회기술 부족으로 친구들에게 거부당하기 쉽고, 수업장면에서 교사와 마찰이 잦아 지적당하고 비난받기 쉬우며 어른들과의 관계에서도 외면당할 소지가 높다. 결국 아동은 낮은 성취감으로 인해 열등감과 부적절감을 가짐으로써 낮은 자아존중감을 보인다. 아동은 유아에 비해 자신의 욕구가 제지당하기 쉬우므로 더 많은 좌절감과 무력감을 경험하게 되고, 낮아진 자아존중감으로 인해 우울이 증가할 수 있으며, 이러한 무력감과 우울은 아동에게 공격적 행동을 유발시킬 수 있다. 또한 가정에서 강압적인 부모와의 상호작용은 아동의 공격성 발달의 근거가 되고 결국 그 영향은 사회 환경에서도 표출되어 대인관계의 어려움을 가져오게 되는 것이다. 때문에 아동의 공격적 행동을 변화시키기 위한 적절한 개입과 치료 제공·예방이 매우 중요하다.

최근 우리나라 소아청소년의 정신질환 실태를 조사한 결과에 의하면 초·중·고 조사대상자 4,057명 중 5.7%는 공격성을 보여 주는 적대적 반항장애 문제를 겪고 있으며, 중·고등학생 17.6%는 자살 생각을 한 경험이 있다고 한다(권수정, 윤미선, 민제원, 2019). 이와 같은 결과는 아동기 성장발달의 중요성을 시사하고 있다.

공격성(aggression)이란 사람이나 분노를 촉발하는 정서 상태를 의미하며, 후기 영아기인 18개월과 36개월 사이에 공격적 특성이 처음 나타나기 시작한다. 아동기 동안 공격성은 지속적으로 유지되다가 이후 청소년기의 비행과 반사회적 행동에 영향을 미치고 성인기까지 확장되어 알코올 남용, 범죄행동 등과 연관되는 것으로 알려져 있다(Crick, Casas, & Nelson, 2002; Crick, Grotpeter, & Bigbee, 2002; Knox, King, & Hanna, 2000; Mullin, 2003). 공격성은 크게 외현적 공격성과 내재적 공격성으로 나눌 수 있는데, 이때 외현적 공격성이란 신체적 행동이나 언어표현 등 겉으로 드러난 공격성을 말하며, 내재적 공격성이란 표현되지 않으나 내재해 있다고 여겨지는 공격성을 말한다(임규화, 2001).

공격성 이론을 유형별로 보면, 정신분석학적 관점에서 인간은 본능적으로 공격성에 취약하고 위험수위에 가기 전에 배출되어야 할 공격적 에너지를 가지고 있다(Freud, 1961). 동물행동학적 관점에서 공격성은 인간에게 유전된 본능이며(Lorenz, 1966), 사회학습이론에서는 아동이 공격적인 환경을 통해 강화를 경험하거나, 공격성의 대상이 될 때 이를 학습하게 된다고 하였다(Bandura, 1973). 공격이론에서 공격성은 좌절의 결과이며(Dollard, 1939), 수정이론에서 좌절은 공격적으로 행동할 가능성을 높여 준다고 주장하였다(Berkowitz, 1989). 자극전달 이론에서는 물리적인 각성이 한 상황에서 다른 상황으로 전달되거나 일반화될 수 있다는 가정에 근거하여 이전 상황과 새로운 상황이 관계없음을 인지하지 못할 때 공격성이 쉽게 일어난다고 하였다(Zillmann, 1979).

유·아동의 공격성은 발달과정에 따라 각기 다른 특성을 나타낸다. 발달에 따른 공격성의 범주를 구분하면, 영아기 때는 분명한 대상 없이 짜증 내고, 2~3세는 사회적 놀이과정에서 공간 혹은 놀이기구를 차지하기 위한 신체적 보복을 보인다. 3~5세 아동들은 신체적 보복을 통한 공격성 표출보다는 타인을 놀리거나 흉보는 등의 언어적 공격성을 나타낸다. 특히 3~5세는 정서표출 양식을 획득하는 시기로서, 아동은 성인들이 신체적 공격성에 보이는 부정적인 반응을 관찰하고 이해하게 된다. 4~7세는 장난감이나 특정 물건을 소유하려고 하며, 이것이 경쟁자에 대한 적대적 공격성으로 변화한다(이상희, 2016).

유·아동기의 공격성은 청소년기 공격성과 달리 자기표현의 미발달과도 상관이 있다. 유·아동기는 자신의 생각, 느낌, 정서 등의 자유로운 표현을 통해 긍정적인 자아감과 자기표현 능력이 형성되는 시기이다. 자기표현(self-expression)이란 자신이 가장 하고 싶은 바를 할 수 있게 하고 큰 불안 없이 자신을 옹호하며 타인의 권리를 침해하지 않는 범위에서 자신의 권리를 내세우는 행동으로 정의된다(Alberry & Emmons, 1995). 자기표현은 가정과 학교에서 자신의 생각과 느낌, 감정 등의 자유로운 표현으로 타인과의 의미 있는 의사소통이 되는 활동을 넘어서 자신의 권익을 보호하는 데 매우 중요한 요인으로 자기권리 실천의 시작이라고도 할 수 있다. 또한 정서 및 신체 발달 단계에 놓여 있는 유·아동기의 자기표현 능력 향상은 긍정적 정서뿐만 아니라 성공적인 인간관계 맺기에도 영향을 미친다.

따라서 아동기에 자기표현을 향상시키고 공격성을 감소시키는 경험은 매우 중요하다. 아동기의 공격성은 청소년기 및 성인기로 이어져 발달과업을 이루어야 하는 아동기나 청소년기의 건강한 발달을 놓치게 된다. 그리하여 올바른 인격을 갖추는 일에 방해를 받거나, 진로에 상당한 어려움을 겪게 된다. 또한 인간의 행복한 삶을 누릴 기회를 잃게 되는 안타까운 상황이 될 수 있다. 따라서 이러한 아동기의 공격성을 주의 깊게 살피고 해결방법을 찾을 필요가 있다. 칼 로저스는 사람의 마음속 깊이에는 긍정적 중심(positive center)이 있으며, 충만함에 대한 기본욕구가 있어서 허용적 분위기가 만들어지면 건강함을 향해 나아간다고 하였다(최영희, 최영주, 2008).

따라서 최근 아동기 공격성을 감소시키고 자기 표현력을 향상시키기 위한 다양한 미술치료 기법과 프로그램 연구들이 활발하다. 자연스럽게 자신을 표현할 수 있도록 도와주기 위한 예술치료 프로그램, 즉 미술, 음악, 무용, 연극, 문학 등의 영역에서 예술매체 기법들이 다양하게 시도·적용되고 있다. 특히 미술이라는 매개체는 아동의 언어능력이 충분히 발달되지 않아 직접적으로 표현하기 어려울 때 아동 내면의 감정을 미술이라는 자기표현으로 언어 이상의 역할을 대체하고 있다. 또한 개인의 성향과 유형, 주 호소에 따른 미술치료 프로그램 활동은 감각을 통하여 아동 내면의 정서적 이완과 안정감을 가져오고 긍정적 정서를 이끌어 내며 나아가 바람직한 행동을 내면화시킨다.

이와 같이 미술치료는 비언어적 소통방식으로 안전하게 내면의 공격성과 부정적인 감정을 표출시키고, 정서적 긴장감을 완화하여 불안과 공격성을 감소시킨다. 나아가 그림이라는 치료적 매체를 통하여 자신이 표현한 내면세계를 이해하고 수용하게 된다. 특히 집단으로 구성된 활동은 자신의 작품뿐만 아니라 타인의 작품도 함께 감상함으로써 타인과의 소통을 가능하게 하고 대인관계 형성을 통해 자기표현과 자존감 향상에도 기여를 한다.

본 프로그램은 정신적·신체적 성장과정에 있는 아동들의 내면에 머물고 억눌려 있는 정서, 느낌, 생각 등을 자유롭게 외부로 표출하게 하여 아동의 정서적·행동적 문제를 효과적으로 변화시키고자 하였다. 긍정적인 자기표현 효과를 높이기 위해서 능동적 창조활동과 더불어 부정적 감정을 안전하게 표출시킬 수 있도록 도왔다. 이를 통해 향상된 아동의 자존감은 자기 스스로 조절할 수 있는 정서적 능력이 향상되고 공격성이 감소되어 대인과의 관계형성에도 긍정적인 효과를 가질 수 있을 것이다.

아동의 공격성 감소를 위한 집단미술치료 프로그램

1. **주목표**: 집단원과의 관계형성을 통한 자기인식과 자기표현은 자존감과 정
   서조절 능력을 향상시키고 정서적 안정을 가져와 공격성을 감소시킨다.

2. 단계별 목표

단계	회기	목표
초기	1~3	• 라포 형성 및 흥미유발 • 집단원 간 관계탐색 및 긴장이완
중기	4~10	• 자기인식 및 자기표현 • 자존감 향상 및 정서조절 능력 향상
종결기	11~14	• 정서적 안정 및 공격성 감소 • 희망과 비전 설계

3. 프로그램 구성

- 회기: 총 14회기, 회기당 70~90분
- 대상: 아동 10명 이내

4. 프로그램 세부내용

회기	단계	주제	활동내용
1	초기	스트레스를 날려요!	• 프로그램 안내 및 인사 나누기 • 규칙표 만들기 • 신문지 찢기를 통한 스트레스 발산과 적극적 자기탐색 • 긴장감 완화와 집단원 간 친밀감 형성

2		밀가루 풀 핑거페인팅	• 짝꿍 손 마사지 해 주기 • 밀가루 풀을 이용한 핑거페인팅과 촉감활동으로 감각기능 활성화와 정서적 이완 • 긴장감 완화와 집단원 간 친밀감 형성
3		국수야~ 놀자!	• 나의 불안 주머니에는 무엇이 있을까? • 국수 매체를 이용한 흥미롭고 적극적 신체활동과 청각적 놀이 활동 • 긴장감 완화와 집단원 간 친밀감 형성
4		거인이 되었어요!	• 나는야 최면술사! • 자아확대와 간접적 자기개방으로 성장욕구와 공격욕구를 충족 • 자기인식 및 자기표현
5		우드록 Play	• 고민상자 깨부수기 • 우드록 매체 특성을 이용한 청각, 촉각의 자극으로 적극적 자기표현 촉진 • 자기 감정인식 및 자기표현 촉진
6		먹물난화	• 우리는 청개구리 • 날카로운 도구와 무채색 먹물을 이용한 무의식적 난화와 구조화 작업 • 적극적 자기표현과 정서조절
7	중기	내 마음속에는 ○○가 살아요!	• 몸으로 말해요(감정 알아맞히기) • 내면의 다양한 자기감정을 떠올리고 인식하여 긍정적 자기강화로의 전환 • 감정인식 및 자존감 향상
8		내 마음이 이래요!	• 감정 얼굴표정 짓기 • 물 뿌리기와 물에 젖은 화장지 촉감을 통한 심리적 분출과 퇴행 경험 • 자존감 향상 및 정서적 자기조절능력 향상
9		까만 크레파스	• 장님 길 안내하기 • 까만 크레파스 동화를 통하여 타인과 자신의 감정과 경험이 서로 다르지 않음을 이해 • 타인 감정이해 및 자존감 향상
10		본래 내 마음	• 내가 되고 싶은 사람 • 내 마음은 본래 고요하고 따뜻한 마음이었으나 타인에 의해 달라지는 자신의 감정을 표현 • 건강한 자아, 자존감 회복

11		아주 높이 올라가요!	• 비밀상자 • 점토의 촉감각 매체를 이용한 탑 쌓기 활동으로 긍정적 역동의 에너지를 유발 • 정서적 안정 및 자기욕구 충족
12		나에게 주는 선물	• 나의 소중한 것 7가지 • 다양한 재활용품을 이용한 창의적 만들기 활동 • 자아성취감 향상 및 공격성 감소
13	종결기	멋진 친구야!	• 내가 만일 3일 동안만 볼 수 있다면? • 자아상의 상징인 나무 그림을 통한 집단원의 지지와 격려 • 정서적 안정 및 희망과 비전 설계
14		내가 주인공이야!	• 상장 만들기와 트로피 만들기 • 그동안의 활동을 통해 변화된 자신에게 인정과 격려를 받는 시간 • 공격성 감소 및 희망과 비전 설계

1) 초기: 1~3회기

초기단계에서는 다양한 미술매체와 움직임이 많은 신체적 활동을 통하여 미술에 대한 흥미를 유발하고 상담사와 집단원 간의 상호소통을 활발하게 돕는다. 또한 흥미로운 미술활동은 아동의 심리적 긴장감을 완화시키고 집단원 간의 친밀한 관계형성과 관계탐색을 갖게 한다.

1회기 스트레스를 날려요!

첫 회기는 프로그램 진행과정과 목적에 대한 상담사의 설명과 집단원이 지켜야 할 규칙과 약속을 정하는 시간이다.

회기 목표로는 집단원 간의 첫 만남의 어색한 분위기를 집단미술활동을 통해 흥미를 유발하고 상담사와 집단원 간의 친밀감을 형성하여 상호소통을 활발하게 하는 데 목표를 둔다. 따라서 신문지 찢기를 통한 심리적 긴장감 완화와 스트레스 발산으로 적극적이고 흥미로운 미술활동이 되게 한다.

* **준비물**: 전지 켄트지(팀별 1장), 매직, 크레파스, 신문지, 1회용 비닐봉투
  약 50매, 음악, 큰 휴지통, 투명테이프

◎ 도입
  1. 프로그램 오리엔테이션: 상담사와 집단원이 돌아가며 자신을 소개하
     는 시간을 갖는다.
  2. 규칙표 만들기: 프로그램 진행기간 동안 집단원이 반드시 지켜야 할 규
     칙을 8절지에 함께 적고 다 같이 큰 소리로 읽으며 다짐하는 시간을 갖
     는다. (부록 3 '규칙지' 참조)

◎ 프로그램 진행
  ① 자신에게 스트레스를 주는 원인(사람, 일, 물건 등)에 대해서 이야기를
     나눈다.
  ② 팀별로 미리 벽에 붙여 놓은 전지에 매직이나 크레파스로 ①을 그린다.
  ③ 신문지 찢기를 한다.
     • 자신의 스트레스를 떠올리며 찢는다.
     • 자신이 화가 났을 때의 기분을 떠올리면서 찢는다.
     • 스트레스에 대해 소리치며 찢는다.
     • 찢기를 충분히 하여 신문지가 수북이 쌓이면 신문지를 날리거나 신
       문지 속으로 들어가 눕기, 숨기 놀이를 한다.
  ④ ③의 놀이가 끝나면 1회용 비닐봉투에 찢은 신문지를 쓸어 담아 투명
     테이프를 이용하여 공을 만든다.
  ⑤ 스트레스를 그린 그림 ②에 만든 공으로 소리치며 던지기를 한다.
     "○○○ 스트레스야~ 나에게서 꺼져 버려!"
  ⑥ 공 던지기가 끝나면 벽에서 너덜거려진 전지를 뜯어 내어 손과 발로 찢
     고 구겨서 휴지통에 던져 넣는다.

⑦ 활동을 마무리 후, 자리에 앉아 나누기를 한다.

- 신문지를 찢을 때의 기분은?
- 신문지를 날리며 놀이할 때의 기분은?
- 스트레스를 향해 공 던지기를 할 때 떠올랐던 기분은?
- 스트레스 날리는 활동 후 소감은?

유의점

- 전지 켄트지는 팀별마다 적당한 벽 위치에 미리 붙여 놓는다.
- 신문지도 미리 치료실 한가운데에 많이 쌓아 놓는다.
- 신문지를 찢을 때 신문지의 세로결에 따라 찢으면 잘 찢어진다.
- 신문지 찢기를 할 때 빠른 리듬의 음악효과를 준다.
- 찢어진 신문지를 쓸어 담아 공을 만들 때에는 많이 만든 팀이나 개인에게 보상을 주기로 하면 짧은 시간 안에 교실 안의 신문지가 깨끗하게 정리된다.
- 전지에 공 던지기를 할 때나, 던지기 후 전지를 구길 때 "○○○야! 사라져라!" "○○야! 꺼져 버려!" 등 소리를 크게 내며 스트레스를 날릴 수 있도록 유도한다.
- 연령과 인지수준에 따라, 만들어진 공으로 서로 던지고 받는 단순한 공놀이에서부터 박스 안에 공 넣기 등의 확장된 놀이작업으로 진행될 수 있다.
- 신문지로 옷을 만들어 입고 패션쇼 확장놀이로 진행할 수 있다.

2회기   밀가루 풀 핑거페인팅

2회기는 첫 만남의 어색함에서 다소 벗어나 서로에 대해 관심을 가지며 조심스러운 관계탐색으로 친밀감을 나누는 회기이다.

밀가루 풀의 부드러운 촉감은 아동의 정서를 편안하게 하고, 밀가루 풀 핑거페인팅 놀이는 심리적 이완과 주의집중, 감각기능을 촉진시켜 준다.

* 준비물: 밀가루 풀, 볼(2인 1기), 물감, 전지 켄트지, 전지 원단 우드록, 구슬, 동전, 마카로니, 핸드크림

◎ 도입

1. 오늘의 기분 나누기
2. 짝꿍 손 마사지해 주기: 2인 1조가 되어 짝꿍의 손을 서로 핸드크림으로 마사지해 준다. 마사지를 하며 상대방 손에 대해 장점을 한 가지씩(3회) 말하면 상대방은 그 사람이 말한 내용을 그대로 반영하고 고맙다는 말을 덧붙인다. (예: "손가락이 길어 피아노를 잘 칠 것 같아!"/"손가락이 길어 피아노를 잘 칠 것 같다고 말해 주어 고마워!")

◎ 프로그램 진행

① 밀가루 풀이 담긴 볼 하나에 2인 1조로 짝을 지어 밀가루 풀을 함께 탐색한다.
② 서로의 손등과 손바닥을 마사지해 보고, 손깍지로 서로의 손을 비비며 촉감에 대한 생각과 느낌을 나눈다.
③ ②의 탐색 후, 볼에 원하는 색의 물감을 넣어 밀가루 풀과 섞으며 색의 반응을 탐색한다.
④ 전지 켄트지에 밀가루 풀을 덜어 핑거페인팅 놀이를 한다.
⑤ 전지 원단 우드록에 밀가루 풀을 덜어 핑거페인팅 놀이를 한다.
- 풀로 손가락 그림을 그리기
- 풀을 바닥에 평평하게 깔기
- 손가락, 나무젓가락, 면봉 등으로 난화하기
- 편 나누어 풀 뺏어 오기
- 풀 속에 구슬이나 동전, 피규어 등을 숨기고 찾기 놀이
⑥ 정리 후, 활동과정에 대한 느낌 나누기

유의점

- 밀가루 풀 만들기: 밀가루는 차가운 물에 풀어, 계속 저으며 끓여야 한다.
- 겨울에는 밀가루 풀이 따뜻할수록 좋고, 여름에는 시원할수록 좋다.
- 풀 색상: 물감의 양이 많이 들어갈수록 풀의 색은 선명하나, 활동이 끝난 후 씻어도 손에 물감색이 배여 있으므로 내담자 특성에 따라 유의한다.
- 종이와 우드록은 서로 재질이 달라 촉감이 다르므로 각각 활용하여 활동의 효과성을 높인다.
- 켄트지의 두께가 너무 얇으면 쉽게 찢어지므로 두꺼운 켄트지를 준비한다.
- 집단의 인원수에 따라 켄트지와 우드록의 사이즈와 장 수는 2절지 두 장으로 두 팀으로 나누어 진행해도 좋다.

3회기 　국수야~ 놀자!

국수는 아동에게 매우 흥미로운 매체로서 적극적 신체활동 유발과 청각적 놀이효과로 초기단계의 긴장감을 완화시켜 준다. 손으로 국수를 던지며 쌓아 가는 흥미로운 놀이, 그리고 손과 발로 부수며 느껴지는 신체적 자극, 다양한 소재의 용기 활용에서의 청각적 효과 등은 아동의 활동을 촉진시키고 집단원과의 관계탐색과 친밀한 관계형성에 도움을 준다.

* **준비물**: 국수, 큰 대야, PT병, 스텐 볼, 물, 물감, 붓, 불안주머니 그림(부록 참조), 사인펜이나 색연필

◎ 도입

1. 오늘의 기분 나누기
2. 나의 불안주머니에는 무엇이 있을까?: 주머니에 불안이라는 단어를 떠올리면 생각나는 글을 적거나 그림으로 그린다.

◎ 프로그램 진행

① 도입 시 완성한 불안주머니를 구겨서 대야에 던져 넣는다.

② 국수를 집어 대야에 던진다(던져지는 국수가 서로 겹치며 높게 쌓일 때까지 국수 던지기를 계속한다).

③ 높이 쌓인 국수를 손과 발로 부순다(대야에 들어가서 발로 밟거나 뛰며 불안주머니도 밟아 없앤다는 느낌을 갖게 한다).

④ 스텐 볼에 부서진 국수를 위에서부터 쏟고, 흔들며 국수 소리를 느껴 본다.

⑤ PT병에 국수를 넣고 음악에 맞추어 신체놀이를 해 본다.

⑥ 놀이 후, 대야에 국수를 담고 물을 부으며 반죽을 한다.

⑦ 반죽된 덩어리로 생각나는 조형물을 만든다.

⑧ 제목을 짓고 작품을 발표한다.

⑨ 활동을 마무리 후 오늘의 소감을 나눈다.

- 국수를 던질 때의 기분과 느낌은?
- 탑처럼 뾰족하게 쌓이는 국수를 볼 때 어떤 생각이 떠올랐나?
- 국수를 손과 발로 부술 때의 기분과 느낌은?
- 스텐 볼과 PT병에서 들리는 소리는 어떻게 달랐나?
- 국수를 반죽할 때 손에 묻는 느낌은?

유의점

- 국수는 양이 많고 가격이 저렴한 것을 준비하여 많이 사용하는 것이 좋다.
- 국수를 던질 때 불안주머니에 적힌 불안의 내용을 외치며 힘껏 던진다(예: 공부야! 이 세상에서 없어져 버려!, ○○○야! 내 앞에서 꺼져 버려!).
- 스텐 볼과 PT병에 담긴 국수 소리를 충분히 즐기며 탐색한다.
- 마지막 반죽할 때에 물의 양이 많으면 너무 질척거리므로 물의 양을 조절해 가며 물을 붓는다.

2) 중기: 4~10회기

중기단계는 자기표현을 통해 자기감정을 인식하고 집단에서의 경험을 명료화시키며, 집단경험의 강화와 자존감 향상을 통해 자신을 알아 가는 단계이다. 다양한 집단 프로그램 활동을 통해 긍정적인 생각과 행동을 모방하거나 집단원의 행동에 긍정적인 방향으로 반응하면서 자신의 표현이 강화되고 자존감과 정서조절 능력이 향상된다. 즉, 표현되지 못하고 내재화되어 있던 개인의 공격성이 집단원과의 교류와 다른 사람의 문제를 경청하며 자기문제를 새로운 각도에서 볼 수 있게 된다.

4회기 **거인이 되었어요!**

중기단계 첫 회기로 자신이 거인이 되어 표현되는 내용에는 자아확대와 함께 아동의 성장욕구와 공격욕구가 동시에 나타날 수 있다. 공격성의 유발원인인 낮은 자존감, 타인 공감능력 결핍, 감정인식의 부재, 낮은 정서조절 능력 등이, 이러한 표현활동을 통해 타인과의 관계탐색 과정이나 부정적 감정 정서표출의 기회가 된다. 따라서 성장욕구와 공격욕구의 간접적 충족은 정서적 자기조절능력이나 자존감이 향상되는 데 도움을 준다.

＊ **준비물:** 8절 또는 4절 켄트지, 사인펜, 매직, 색연필, 크레파스, 최면봉

◎ 도입

1. 오늘의 기분 나누기
2. 나는야 최면술사: 한 명씩 돌아가며 최면술사가 된다. 최면술사는 최면봉을 쥐고 집단원에게 최면을 걸 수 있다. 최면봉을 지닌 최면술사가 집단원을 향하여 간단한 지시(두 팔 올려~, 엎드려~, 오른쪽으로 넘어져~ 등)를 하면 집단원은 최면술사의 지시대로 동작을 한다.

◎ 프로그램 진행

① "자신이 거인이 되었다면 어떤 모습으로 어디에서 무엇을 하고 있을까?"에 대해 이야기를 나누며 상상을 유도해 본다.

② 상상한 내용을 컬러링 재료로 화지에 그린다.

③ 완성 후 제목을 짓고 자신의 그림을 소개한다.

- 나 거인이 서 있는 곳은 어디인지?
- 나 거인의 주변에는 누가 있는지?
- 어떤 상황이 벌어지고 있는지?
- 나 거인은 무슨 생각을 하고 있으며, 무엇을 바라보고 있는지?
- 나 거인은 무엇을 하고 싶은지?
- 소인국을 바라보는 내 기분은?
- 평소에 나는 이런 생각을 해 보았는지?

④ 작품을 전시하고 감상하는 시간을 갖는다.

5회기 우드록 Play

억제된 생각이나 억압되어 있는 내면 분출을 위해서 신체적 역동을 이용하여 부정적 감정분출을 유도하고 적극적 자기표현을 하게 한다. 또한 우드록 매체의 특성(소리, 촉감, 간편성)을 이용하여 스트레스 분출을 극대화시키고, 우드록 조각을 놀이 활동으로 구조화하여 심리적 균형과 정서적 자기조절을 돕는다.

* **준비물**: 개인당 2절 원단 우드록(두께 3mm), 유성매직, 사인펜, 작은 상자, 포스트잇, 휴지통

◎ 도입

1. 오늘의 기분 나누기

2. 고민상자 깨부수기: 쪽지나 포스트잇에 자신의 고민을 적어 작은 상자에 넣는다. 고민이 없어지는 주문을 외우고 고민 상자를 발로 밟아 부

수고 휴지통에 던져 넣는다.

◎ 프로그램 진행

① 최근에 좋지 않았던 일이나 화가 났던 상황을 떠올리며 이야기 나눈다.

② 유성매직으로 2절 원단 우드록에 ①의 내용을 자유롭게 글로 적거나 그림으로 그린다.

③ 화가 났던 상황의 감정을 떠올리며 ②를 주먹으로 격파하거나 부순다.

④ 부서진 우드록 조각들을 발로 밟는다.

  • 밟으며 자신이 하고 싶은 말을 큰소리로 외친다(예: 나는 ○○○ 때문에 화가 나!).

⑤ 조각들을 휴지통에 던져 넣는다.

⑥ 자리에 앉아 잠시 명상의 시간을 가진 후, 활동에 대한 소감을 발표한다.

유의점

• 활동 소감 시, 내 안의 화를 다른 방법으로 없앨 수 있는 방법에 대해 이야기해 본다.

• 본 활동은 매체의 소리효과 기대도 있으나, 개인의 감정표출과 자기표현 향상에 회기 목표가 있으므로 목소리를 많이 내게 한다.

• 우드록을 부술 때, 거친 말과 감정들을 촉진시키기 위해서는 자기방어를 위한 음악소리나 악기소리를 이용하면 효과적이다.

• 확장작업으로, 우드록 조각을 이용한 놀이 활동(높이 쌓기, 조각에 번호 매기기, 퍼즐로 맞추기 놀이 등)으로 진행될 수 있다.

6회기 먹물난화

공격적 행동들을 감소시키기 위해서는 아동의 내면에 머물고 있는 억눌린 정서, 느낌, 생각 등을 표출하게 도와야 한다. 이를 촉진하기 위하여 먹물과 뾰족한 도구를 이용하여 감정을 표출할 수 있도록 돕는다. 무채색 먹물을 이용한 무의식적 난화는 보다 적극적으로 감정표출을 할 수 있도록 도움을 주고, 이어서 색을 이용한 조형 활동은 정서적 안정과 무의식적 내면을 구조화시켜 준다.

* 준비물: 4절 켄트지, 나무젓가락, 먹물, 작은 접시, 색연필, 작은 상자, 포스트잇

◎ 도입

1. 오늘의 기분 나누기
2. 우리는 청개구리: 집단원을 두 팀으로 나눈다. 한 팀이 "나는 화가 나!"라고 외치면 상대팀은 반대로 "나는 화가 나지 않아!"(나는 미운사람이 없어!/나는 미운사람이 있어!) (나는 행복해!/나는 불행해!)라고 외친다. 팀별 순서를 바꿔 가며 진행한다.

◎ 프로그램 진행

① 나무젓가락 끝부분을 쪼개 먹물을 묻힌다.
② 상담사의 지시에 따라 화지에 난화를 한다.
   • 화나는 기분의 난화, 신나는 기분의 난화, 슬픈 기분의 난화, 좋아하는 음악을 듣는 기분의 난화, 춤을 추는 기분의 난화
③ 충분히 난화를 하고 난 후 난화 형태를 보며 감상한다.
   • 어떤 모양과 형태가 보이는지?
   • 제목을 짓는다면?
④ 난화 사이사이 색칠하고 싶은 공간에 색연필로 칠한다.

⑤ 색을 칠한 후 그림의 제목을 붙이고 자신의 작품을 소개한다.
- 색을 칠하기 전 난화와는 어떤 차이점이 있나요?
- 색을 칠하기 전 난화와 제목이 어떻게 달라졌나요?

유의점
- 쪼개진 나무젓가락 끝의 선 두께는 나무젓가락의 방향과 힘의 조절에 따라 다양한 선으로 그려지므로 자기표현과 감정조절 능력에 효과적이다.
- 에너지가 강한 아동이 그릴 때나, 뾰족한 나무젓가락으로 힘을 주어 반복된 난화를 하게 될 때엔 화지에 구멍이 날 수 있으므로 최대한 두꺼운 켄트지로 준비하는 것이 좋다.
- 난화 후 색연필로 칠하는 ④의 활동 시에는 편안한 음악을 들려주며 정서적 안정감을 갖게 한다.

7회기　내 마음속에는 ○○가 살아요!

중기 중반 회기로서 내재화되어 있는 부정적 감정과 생각을 보다 더 적극적으로 외현화시키고 아동의 지각 및 자기통찰을 돕는다. 내면의 다양한 감정 중 부정적 감정이 부끄러운 것이 아니고, 내 안에서 수용되어 느끼고 머무르며 나아가 내 안의 에너지가 되는 것임을 알게 한다. 다양한 표현의 방법과 시기에 따라 부정적 감정이 긍정적 감정으로 변화되어 내 안의 힘으로 강화될 수 있다는 인식을 가질 수 있도록 돕는다.

* 준비물: 4절 켄트지, 크레파스, 유성매직, 물감, 붓, 감정단어(부록 참조)

◎ 도입
1. 오늘의 기분 나누기
2. 몸으로 말해요(감정 알아맞히기)

① 집단원은 상담사가 미리 준비해 놓은 감정단어 하나씩을 뽑는다.

② 한 명씩 나와 쪽지에 적혀 있는 감정을 신체로 표현한다.

③ 집단원은 그 동작이 어떤 감정을 표현하는 것인지 알아맞힌다.

④ 많은 수의 감정을 알아맞힌 개인이나 신체 감정표현을 잘한 개인에게는 선물을 준비한다.

◎ **프로그램 진행**

① 마음속의 다양한 부정적 정서에 대해 이야기한다. 그리고 어떤 감정을 선택할지 정한다.

"내 마음에는 다양한 감정괴물이 살고 있습니다. 나를 화나게 하는 괴물, 나를 두렵게 만드는 괴물, 나를 슬프게 하는 괴물, 나를 외롭게 만드는 괴물, 나를 무섭게 만드는 괴물, 나를 불안하게 만드는 괴물 등등, 그중 나를 가장 괴롭히는 감정괴물은 어떤 괴물일까요?"

② 화지에 크레파스나 유성매직으로 내 안에 살고 있는 감정괴물을 그리고 색칠한다.

③ 감정괴물에 말풍선 두 개(감정괴물을 향한 말풍선과 바깥으로 향한 말풍선 하나)를 그린다.

④ 감정괴물을 향한 말풍선에 내 마음속 감정괴물이 무슨 말이 하고 싶은지 생각나는 대로 적는다.

⑤ 바깥으로 향한 말풍선에는 나는 그 말에 어떻게 대답해주고 싶은지 적는다.

⑥ 자신의 감정괴물에 제목을 짓고 발표를 한다.

• 이 감정괴물을 어떻게 다루면 좋을까?

8회기 　내 마음이 이래요!

　물을 이용한 유아적 퇴행경험과 뿌리기를 이용한 분출작용의 자기표현 촉진은 미성숙한 자아의 지각과 인식을 돕고 내면의 자기 주도적 긍정 경험을 갖게 한다. 또한 젖은 화장지의 촉감각과 물감의 농도와 채도의 변화, 물감색의 번짐 등의 효과는 정서적 이완과 심리적 안정을 도와 정서적 자기조절 능력과 자존감 향상에 도움을 준다.

* **준비물**: 8절 켄트지, 갑 휴지, 물, 분무기, 수채물감, 붓

◎ 도입
  1. 오늘의 기분 나누기
  2. 감정 얼굴표정 짓기: 2인 1조가 되어 서로가 마주보고 앉아 상담사의 표정 지시에 따른다. (화난 얼굴, 기쁜 얼굴, 슬픈 얼굴, 신난 얼굴, 우울한 얼굴, 상쾌한 얼굴, 실망한 얼굴, 졸린 얼굴, 기대되는 얼굴 등) 서로 번갈아가며 표정을 지어 본 후 가장 표정을 잘 지은 대표 몇 명을 뽑아 실연을 하고 선물을 준다.

◎ 프로그램 진행
  ① 갑 휴지를 한 장씩 뽑아 화지 위에 올리고 분무기로 물을 뿌린다.
  ② 화장지를 손바닥으로 누르거나 두드리며 화지에 밀착시킨다.
  ③ 내담자가 원할 때까지 ①과 ②를 반복하며 두터운 화지로 만든다.
  ④ ③에 물감으로 그림을 그리거나 자유롭게 물감 흘리기를 한다.
  ⑤ 작품 감상 후 제목을 붙이고 발표를 한다.
    • 그림 속에 '무엇이 보이는지', '무엇이 느껴지는지', '활동과정 중 어떤 과정이 좋았는지' 등

유의점

- 화장지에 물을 뿌려 누르거나 두드릴 때 개인의 스트레스를 떠올리며 집중하게 한다. 집단원이 다 같이 함께 박자에 맞춰 두드려 보는 것도 효과적이다.
- 퇴행이 심한 내담자는 물을 지나치게 많이 사용하므로 내담자 특성에 적절한 촉진과 통제로 자기조절을 도와야 한다.

9회기　까만 크레파스

동화 내용을 통해 타인의 감정과 자신의 감정이 다르지 않으며 감정에 대한 자기표현으로 서로 소통하는 방법을 이해한다. 또한 타인의 경험과 자신의 경험이 다르지 않음을 인식하고 타인과의 관계 속에서 공감과 위로, 격려, 지지의 중요성을 이해하며 집단원과의 긍정적 상호소통의 고마움을 갖는다.

* **준비물**: 스크래치 종이 및 뾰족한 막대, '까만 크레파스(나카야 미와 저, 웅진닷컴, 2002)' 동영상 자료나 동화 내용

◎ 도입
  1. 오늘의 기분 나누기
  2. 장님 길 안내하기: 2인 1조가 되어 한 사람은 장님, 상대방은 안내자 역할을 한다. 상담사의 지시대로 목적지에 갔다가 오게 한다. 역할을 바꾸어 해 본다. 장님의 역할과 안내자 역할 경험에 대해 이야기 나눈다.

◎ 프로그램 진행
  ① '까만 크레파스' 동화 동영상을 시청한다(동영상 시청에 어려움이 있으면 동화를 읽어 준다).
  ② 인물을 탐색하고 감정을 공감하며, 다음과 같이 질문을 하고 이야기를 나눈다.

- 주인공은 누구인가요?
- 노란 크레파스는 무엇을 그렸나요?
- 빨간 크레파스와 분홍 크레파스가 누구를 데리고 왔나요?
- 까만 크레파스는 왜 그림을 그릴 수가 없었나요?
- 까만 크레파스가 속상해할 때 누가 와서 도움을 주었나요?
- 여러분들이 까만 크레파스라면 어떠한 마음이 들까요?
- 여러분들 중 까만 크레파스 또는 다른 색 크레파스들이 한 것처럼 비슷한 경험을 한 적이 있나요?
- 경험을 해 보았다면 어떤 기분과 마음이었나요? 그때 누가 도움을 주었나요? 도움을 준 사람은 누구였나요? 내가 다시 그때로 돌아간다면 어떻게 할 것 같아요?

③ 동영상 시청 시 가장 인상에 남았던 장면을 스크래치 종이에 그린다.

④ 그림의 제목을 적고 자신의 작품을 발표한다.

- 왜 이 장면이 인상에 남아 그림으로 그렸는지?

10회기 본래 내 마음

중기 마지막 회기로서 그동안의 활동을 통해 변화되어 온 자기내면을 인식하고 점검하며 성찰해 보는 시간이 되게 한다. 마음속에는 본래 두 가지의 마음이 존재하고 있음을 안다. 우리의 마음은 본래 고요하고 따뜻한 마음이었으나 외부환경이나 타인에 의해 달라지는 자신의 안과 밖 감정의 차이를 느껴 본다. 그리고 두 가지로 표현된 이미지가 모두 건강한 자신임을 알아 자존감 향상에 도움을 준다.

* **준비물:** 8절 또는 4절 켄트지, 사인펜, 파스텔, 색연필, 음악

◎ **도입**

1. 오늘의 기분 나누기

2. 비밀상자: 자신을 괴롭히는 문제나 고민거리에 대하여 생각해 보고, 자
   신을 괴롭히는 가장 큰 고민거리 한 가지씩을 포스트잇에 쓴다. 이때
   자신의 이름은 밝히지 않고 쪽지를 비밀상자 속에 넣는다. 돌아가며
   한 사람씩 나와 상자 속에 있는 쪽지 하나를 꺼내어 읽고 '만약 나라면
   어떻게 그 문제를 해결할지'를 말한다. 생각이 나지 않을 땐 다른 사람
   의 의견을 듣고 말해 주어도 좋다.

◎ **프로그램 진행**

① 화지 좌우 끝을 잡고 화지 가운데로 접었다 펼친다(방석 접기).

② 조용한 음악을 배경으로 '본래 내 마음'을 찾아보는 명상시간을 갖는다.
   "본래 내 마음을 찾아 떠나는 여행을 해 보겠습니다 …… 내 마음은 고
   요합니다. 내 마음은 따뜻합니다 …… 나는 본래 미움도, 슬픔도, 화남
   도, 외로움도 가지고 있지 않았습니다 …… 내 마음속에는 미운 사람
   도, 화나는 사람도 없습니다 …… 그러나 때로는 엄마 때문에, 아빠 때
   문에, 동생 때문에, 형 때문에, 누나 때문에, 친구 때문에, 선생님 때문
   에 화나는 마음이 올라오기도 하고, 슬픈 마음이 들기도 하고, 미운 마
   음이 생기기도 하고, 그렇게 내 마음은 시끄러워지기도 합니다. 왜 그
   럴까요? …… 본래 내 마음은 고요하고 따뜻합니다. 나는 그런 사람입
   니다."

③ 펼쳐진 안쪽 면에 명상하며 떠올랐던 고요한 '본래 내 마음'을 컬러링
   재료로 표현해 본다.

④ 화지 좌우 끝을 다시 가운데로 접고 접혀진 바깥 면에는 안쪽 면과는
   반대되는 시끄러운 내 마음을 그려 준다.

⑤ 두 가지 그림에 각각 제목을 지어 적는다.

⑥ 작품에 대한 제목과 내용에 대해 발표의 시간을 갖는다.

- 안쪽 면(본래 내 마음) 그림은 어떤 느낌이 드는지?
- 바깥 면(경계와 상황에 따라 변하는 시끄러운 마음) 그림의 느낌은 어떤지?

⑦ 본 프로그램에 대한 의의와 소감을 나눈다.

유의점

- 안쪽 면(본래 내 마음)과 바깥 면(경계와 상황에 따라 변하는 시끄러운 마음)의 차이점에 대해 생각하고, 누구나 모두 가지고 있는 이 두 마음이 있어 건강하게 성장하고 있음을 지지해 준다.

3) 종결기: 11~14회기

종결기는 그동안 프로그램에 참여한 아동들이 초기에 세웠던 목표를 확인하고 변화에 대한 검증을 하는 단계이다. 중기에서는 집단원과의 긍정적 상호소통으로 미성숙한 아동의 자기표현과 감정인식을 돕고 자존감을 향상시켰다면, 종결기에는 정서적 안정감과 함께 자존감이 유지되고 공격성이 감소되어 아동들이 새로운 희망을 설계하게 하는 단계가 되게 한다.

11회기   아주 높이 올라가요!

촉감각과 소근육을 이용한 점토 쌓기 활동은 긍정적 역동의 에너지로 촉진시켜 정서적 이완과 안정을 돕는다. 나아가 집단원과의 프로그램 활동을 통한 긍정적 관계형성 경험은 자아효능감 상승의 효과를 가져오고, 그동안 주변으로부터 받아 왔던 자기 부정감은 자기 긍정감으로 새로운 희망을 설계한다.

* **준비물**: 점토, 우드록(A4 크기), 점토도구, 나무젓가락, 포스트잇, 사인펜, 물티슈, 필기도구, 쪽지, 질문지(부록 참조)

◎ **도입**

1. 오늘의 기분 나누기
2. 내가 되고 싶은 사람: 질문지를 읽고 자신이 가치 있다고 생각하는 란에 표시를 한다. 구성원 사이에 가치가 어떻게 다른가에 대한 소감을 각자 발표한다.

◎ **프로그램 진행**

① 점토를 만지며 점토의 촉감에 대한 느낌을 서로 이야기 나눈다.
② 점토를 충분히 자유롭게 가지고 논다(뭉치기, 누르기, 밀기, 굴리기, 때리기, 찌르기, 자르기, 붙이기, 책상에 던지기, 쌓기 등).
③ ②의 활동 후, 우드록판 위에 점토를 쌓아 가며 탑을 만든다.
④ 높게 올라간 탑 끝부분에 나무젓가락을 꽂아 세운다.
⑤ 포스트잇에 자신의 소망을 적고 나무젓가락 끝에 붙인다.
⑥ 탑의 제목을 붙이고 자신의 작품에 대해 발표한다.
⑦ 마지막으로 자신의 소망의 말을 넣어 "나는 ~~를 이룰 수 있다!" "나는 ~~을 할 수 있다!"를 집단원이 다 함께 크게 외치며 끝낸다.

유의점

• 무엇을 만들 것인가'보다 점토를 '어떻게 가지고 놀면 좋을까'라는 생각으로 점토를 자유롭게 만지며 느끼게 한다.
• 탑이 쓰러지거나 무너져 내리면 상실감이 크므로, 탑을 쌓을 때 하단이 튼튼하게 지지되어야 높이 쌓을 수 있다는 것을 알려 주고 도와준다.

12회기 나에게 주는 선물

다양한 모양과 크기의 재활용품들을 이용한 창의적 만들기를 통하여 자아성취감과 자아효능감이 극대화된다. 자신에게 주는 선물을 완성하여 아동의 의지에 자긍심과 자신감을 더하고 미래를 위한 준비를 한다.

* 준비물: 다양한 재활용품 종류, 다양한 접착제, 색 시트지, 유성매직, 꾸미기 재료, 쪽지

◎ 도입
1. 오늘의 기분 나누기
2. 나의 소중한 것 7가지: 자신에게 가장 소중하다고 생각하는 것 7가지를 쪽지에 적는다. 그것과 함께 크루즈여행을 하던 중 풍랑과 암초를 만나 어쩔 수 없이 자신의 소중한 것들을 한 가지씩 버려야 하는 상황을 연출한다. '가장 마지막에 남은 한 가지는 나에게 무엇일까?'에 대해서 발표하고, 소중한 것들을 버릴 때의 심정과 잃었을 경우의 심정이 어떠한지에 대해 발표하기

◎ 프로그램 진행
① 자신이 받고 싶은 선물이나 자신에게 주고 싶은 선물에 대해 이야기한다.
② 다양한 모양과 크기의 재활용품들을 충분히 탐색한다.
③ 탐색한 재활용품 재료들로 무엇을 만들고 싶은지 이야기한다.
④ 주제에 적절한 큰 재료들을 먼저 선택하여 접착제로 연결하고 다양한 꾸미기 재료나 색 시트지, 유성매직 등으로 꾸민다.
⑤ 완성된 작품에 제목을 붙이고 집단원에게 발표한다.
  • 나에게 주는 선물로 이것을 만든 이유는?
  • 이 작품을 누구에게 가장 먼저 보여 주고 싶은지?

• 다른 사람에게 선물로 준다면 누구에게 주고 싶은지?

• 자신의 마음에 만족하는지? 만족하지 않는다면 그 이유는 무엇인지?

유의점

• 재활용품 재료들을 서로 연결시킬 때 매체의 유형과 재질, 크기와 무게에 따라 접착제(물풀, 딱풀, 목공풀, 우드록 본드, 글루건 등)가 적절히 활용되어야 한다. 내담자의 성취감 및 상실감과 직접적이기 때문이다. 미술매체에 대한 활용기술은 미술심리상담사의 기술적 보조자로서의 필수 역량이다.

TIP 유용한 재활용품 재료

• 대: 큰 종이상자류, 1~2L PT병, 1L 우유곽
• 중: 작은 종이상자류, 주스병, 캔, 작은 PT병, 작은 우유곽
• 소: 뚜껑류, 병따개, 그 외 다양한 소품

13회기   멋진 친구야!

자아상의 상징인 건강하고 튼튼한 나무그림을 통해 강화된 자아와 자존감이 향상된 자기변화를 확인하는 계기가 된다. 또한 집단원의 격려와 지지를 통한 적극적 상호소통은 타인을 향한 신뢰와 안정된 관계형성으로 대인 간 공격심리가 해소된다.

* **준비물**: 8절 켄트지, 다양한 4절 색 켄트지, 사인펜, 색연필, 가위, 풀, 다양한 과일 모양의 포스트잇(1인당 집단원 수대로 준비)

◎ 도입
  1. 오늘의 기분 나누기

2. 내가 만일 3일 동안만 볼 수 있다면?

- 나는 어떤 기분이 들까?
- 나는 무엇을 더 오래 보고 싶어 할까?
- 나는 누구와 어디에서 무엇을 하며 시간을 보내고 싶을까? (자신을 사랑할 수 있는 것에 대해 소감 나누기)

◎ 프로그램 진행

① 8절 화지에 자신을 상징하는 튼튼하고 멋진 나무 한 그루를 그리고 색칠한다.

② 나무그림 ①을 가위로 오린다.

③ 다양한 4절 색 켄트지 중에서 자신의 마음에 드는 색상의 화지를 고른다.

④ 고른 색 화지에 오려 놓은 나무그림 ②를 자신이 붙이고 싶은 공간에 붙인다.

⑤ 나무 주변의 빈 공간에 컬러링 재료로 그리고 싶은 것들을 그려 넣는다.

⑥ 그림의 제목을 정하고 자신의 나무를 소개한다.

⑦ 집단원은 자신의 그림을 오른쪽 사람에게 전달한다.

⑧ 그림을 보고 그림의 주인공에게 말해 주고 싶은 긍정적 메시지를 포스트잇에 적고, 붙여 주고 싶은 공간에 붙여 준다(다시 오른쪽 집단원에게 전달).

⑨ 집단원이 적어준 지지의 글을 감상한다.

⑩ 소감을 이야기하고 마무리한다.

유의점

- 자신을 상징하는 나무를 그릴 때 우람하고 튼튼하며 멋진 나무를 그려 달라고 지시한다.
- 집단원의 나무그림에 메시지를 적어줄 때에 그동안 함께하며 쑥스러워 표현하지 못했던 말이나 격려, 지지의 글을 정성껏 적게 한다.

14회기 내가 주인공이야!

마지막 종결회기로서 그동안 프로그램 활동을 하면서 자신의 변화된 점을 확인하고 그에 대한 인정과 격려를 받는 시간이 된다. 변화된 아동의 자긍심과 자존감은 공격성을 감소시켜 안정된 정서로 미래를 향한 희망과 비전을 설계하게 한다.

* 준비물: 다양한 종류의 병, 스티로폼 구 외 보조재료, 다양한 색 아이클레이, 클레이도구, 이쑤시개, 상장(부록 참조), 유성사인펜, 유성매직

◎ 도입

1. 오늘의 기분 나누기
2. 상장 만들기: 지난주 친구들에게 받은 지지의 말들(장점)을 떠올리며 자신을 위한 상장을 만든다.

◎ 프로그램 진행

① 지나온 회기들을 되돌아보며 자신의 변화된 점이나 장점에 대해 돌아가며 이야기를 나눈다.
② 변화된 자신에게 주고 싶은 또는, 받고 싶은 트로피에 대해 생각한다.
③ 다양한 병이나 캔, 그리고 보조재료 중 마음에 드는 것들을 선택하여 접착제로 연결한다.
④ 아이클레이로 병 표면을 붙여 나가며 트로피 모양을 낸다.
⑤ 적절한 위치에 상명과 날짜, 자신의 이름을 이쑤시개로 새긴다.
⑥ 완성 후, 자신의 트로피를 소개한다.
   • 트로피 상명을 그렇게 지은 이유는?
   • 트로피를 받은 소감은?
⑦ 상담사는 집단구성원들 개인에게 트로피와 상장을 수여하는 수여식을 갖는다.

⑧ 그동안의 프로그램 활동에 대한 종결 소감을 나눈다.

- 가장 재밌었던 프로그램은?
- 가장 힘들었던 프로그램은?
- 프로그램 전과 프로그램 후의 내 마음의 차이점은?

유의점

- 도입시간에 만드는 상장은 자신의 장점을 최대한 부각시켜 상장명을 짓도록 한다.
- 상담사는 내담자에게 트로피를 증정하며 그동안 열심히 참여한 점과 변화된 점에 대해 희망적 메시지와 응원의 지지를 잊지 않는다.

03 아동의 또래관계 확립을 위한 집단미술치료 프로그램

인간은 태어나면서부터 지속적으로 사람들과의 상호작용을 하면서 사회 정서적 안정감을 가지고 긍정적인 자아개념을 형성해 간다. 학령기 아동의 긍정적인 또래관계 경험은 전반적으로 학교생활 및 학습에 중요한 영향을 주며, 어린 시절에 경험한 대인관계의 다양한 형태는 성인기에도 많은 영향을 미친다.

발달학적 관점에서 초등학교 시기는 아동기와 초기 청소년기에 속하며, 이 시기에는 신체발달 및 인지적·정서적·사회적 발달이 급격하게 이루어지는 시기이다. 특히 초등학교 시기인 아동기는 부모의 울타리 속에서 학교라는 집단으로 들어가게 되는 시기로서, 부모애착에서 또래애착으로 애착의 대상이 옮겨져 가게 되어 또래관계가 매우 중요해지는 시점이 된다. 즉, 아동기는 수직적인 부모-자녀 관계에서 수평적인 또래관계로 전환이 이루어지는 시기라고 할 수 있다.

또래집단은 아동이 자아개념의 발달과 자아존중감을 형성하는 중요한 세계이다. 타인을 통하여 자기 자신을 보게 되면서 자신에 대한 능력과 기술에 대한 현실적인 판단을 하게 된다. 이 새로운 관계는 부모-자녀 관계보다 또래라는 평등한 관계에서 이루어짐으로써 또래관계를 통해서 감정적 애착관계를 발달시켜 나간다. 가족 간의 사랑보다 또래관계를 더 중요하게 생각하게 되고, 또래와의 관계 및 유대를 형성하며 또래집단 내에서 사회적 기술을 발달시켜 나간다.

최근 따돌림 문제가 심각한 사회적 문제로 대두되고 있다. 이는 아동·청소년기의 또래관계에 대한 어려움을 말해 준다. 아동은 하루 중 대부분의 시간을 학교와 학원에서 또래와 보내는 시간이 많으며, 학교 밖 시간에서조차도 SNS상의 또래조직 속에서 하루를 보낸다. 또래집단이 형성되는 이 시간 동안 또래관계에서의 경험은 아동이 삶을 살아가는 데 상당히 지속적인 영향을 미친다.

아동은 또래관계를 통해 안정감과 사회적 자원을 제공받으며 서로에게 격려, 지지, 피드백을 해 줌으로써 스스로 유능하고 소중한 가치 있는 존재라는 것을 느낄 수 있게 해 준다. 또래는 서로에게 중요한 역할 모델이 되어 놀이와 학습, 운동 등을 함께하면서 행동을 모방하고 관찰하여 이를 내면화하고 자신의 것으로 만든다. 아동들은 또래가 자신에게 하는 칭찬과 비난에 민감한 반응을 나타내며, 또래의 반응에 따라 자신의 행동을 바꾸기도 하는 등 또래관계를 통해 건강하게 성장할 수 있는 기초를 얻는다(김민선, 2007).

아동기에 또래와 만족스러운 관계를 형성하는 능력은 이후의 적응을 예측하는 중요한 요인이 된다(Hartup, 1983). 또래관계의 어려움을 갖는 아동인 경우, 높은 불안감과 낮은 자존감, 사회적 상호작용의 회피, 부족한 사회적 기술, 낮은 자기 주장성을 보이게 된다. 또한 또래관계에서 사회적 기술의 부족으로 인하여 또래에게 무시당하거나 괴롭힘을 당하는 아동은 심리적, 신체적 피해를 입고 장기적으로 학교에서의 역할 수행과 사회생활에 피해를 입게 된다. 또한 또래와의 상호작용을 통한 적절한 사회적 기술을 학습할 기회가 제한되므로 바람직한 사회적 기능을 배우지 못하게 되며, 결국 이런 아동들의 사회적 기술은 더욱 나빠지고 청소년기에 접어들어 성격 및 학교생활 적응 등에 어려움을 보일 수 있다(최석란, 2002). 또래끼리의 부적절한 경험은 긍정적인 상호작용 및 사회화 기회를 빼앗고 친사회적 능력과 공감 형성을 저해한다. 그리고 또래로부터 거부당한 아동은 적의, 배척, 또래 괴롭힘에 노출될 가능성이 높아져 아동이 성장함에 따라 부정적인 성격을 형성하여 자기회의, 인간관계의 실패를 경험하게 된다(정은수, 1992).

또래관계에서 어려움을 느끼는 아동들에게 부적절한 영향을 주는 요인으로, 첫째, 낮은 자아존중감과 성공정체감의 부족이다. 자기에 대한 왜곡된 평가나 사회나 자신에 대한 근본적인 불신으로 인해 내재된 불안 등이 또래관계를 어렵게 만든다(구본용, 1999). 둘째, 사회적 기술의 부족이다. 아동들이 처하는 다양한 상황에서 감정조절, 의사소통 등 적합한 사회적 기술이 제대로 작동해야 또래관계가 원만하게 유지되기 때문이다(박효정, 2013).

Sullivan(1953)은 아동이 자기중심의 세계에서 벗어나 타인을 이해하고 타인과 협력하면서 사회에 적응할 수 있는 성숙한 인격을 형성하기 위해서 또래친구와의 관계가 필수적이라고 하였다. 또래관계의 상호작용을 통해 타인조망능력을 향상시킴으로써 긍정적인 상호작용을 하게 되며 또래관계에서 수용도가 높은 아동으로 성장할 수 있게 된다.

집단미술치료는 자신의 무가치성이나 열등감을 극복하고 자존감과 사회성을 향상시키는 데 크게 도움이 된다. 미술재료를 공동으로 사용하거나 협동작업 및 상대방의 그림을 보완해 주는 과정을 통해 자연스럽게 관계 경험을 하게 된다. 집단원 간의 상호소통은 개인에게 모방, 격려, 지지 등을 가져와 공감능력과 사회적 기술이 향상되고 내면화되어 긍정적 또래관계가 형성되어 간다.

본 집단미술치료 프로그램은 도입부분에서 다양한 놀이를 통하여 관계성을 향상시키고 상호작용을 통한 집단응집력을 증진시키도록 구성되었다. 또한 작품을 통한 성취감과 자존감을 확립하도록 돕고, 다양한 상황에서 감정조절 및 의사소통 등의 적합한 사회적 기술 증진을 통해 또래관계를 향상시킴으로써 원만한 또래관계 형성을 목적으로 정리되었다.

아동의 또래관계 확립을 위한 집단미술치료 프로그램

1. 주목표: 집단원 간의 상호 격려와 지지 공감을 통해 자존감을 높이고 사회적 기술을 증진시켜 긍정적 또래관계를 높인다.

2. 단계별 목표

단계	회기	목표
초기	1~3	• 긴장이완 및 흥미유발 • 집단원 간 친밀감 및 신뢰감 형성 • 자아탐색 및 자아인식
중기	4~9	• 자기표현과 감정표현을 통한 불안감 감소 • 자기성공감 경험을 통한 자아존중감 향상 • 타인 감정인식 및 타인조망능력 향상
종결기	10~12	• 집단응집력을 통한 또래관계 형성 • 사회적 기술 향상 • 긍정적 자아상 확립

3. 프로그램 구성

- 회기: 총 12회기, 회당 70~80분
- 대상: 아동, 8~10명 내외

4. 프로그램 세부내용

회기	단계	주제	활동내용
1	초기	누가 누가 더 높이	• 프로그램 소개 및 규칙제시 • 한 걸음 • 비눗방울놀이 및 비눗방울 자유연상 이미지화 • 긴장이완 및 흥미유발
2		친구야! 안녕~	• 우리 집에 왜 왔니? • 털실 굴리기 및 털실 난화를 이용한 연상 작업 • 상호작용을 통한 관계인식 및 친밀감 형성

3		난화 이야기	• 소중한 친구 모셔오기 • 집단난화와 집단 스토리텔링 • 자아탐색 및 자아인식
4	중기	지금 내 마음은	• 봉을 사수하라 • 점토를 이용하여 지금, 현재의 마음을 형상화하여 그리기 확장작업 • 자기표현 및 감정표현
5		나를 화나게 하는 것	• 다양한 감정과 화에 대해 알아보기 • 점토를 이용한 감정표출 및 집단 이미지 작업 • 감정표현, 자기 및 타인 정서 인식
6		서로 다른 우리	• 알−병아리−닭 • 동물 인형을 이용한 자아 투사 작업 • 자기인식 및 타인인식, 자아존중감 향상
7		가면무도회	• 내 얼굴을 찾아라! • 사회적인 얼굴을 의미하는 가면작업 후 퍼포먼스 시연 • 자기이해 및 타인이해, 자아존중감 향상
8		핸드 트랜스	• 사슬 풀기 • 핸드 트랜스를 이용한 장점 적어주기 및 집단행복 메시지 • 자아존중감 향상, 타인 이해 및 수용
9		행복릴레이	• 사진 찍기 • 사진 찍기를 통한 상호소통 및 캔버스 이미지 작업 • 자아존중감 향상 및 타인조망능력 향상
10	종결기	우리는 하나	• 자석놀이 • OHP필름과 4색 시트지를 이용한 집단 작업 • 또래관계 향상 및 사회적 기술 향상
11		우리들이 함께 만든 세상	• 조각상 릴레이 • 집단벽화 만들기 • 또래관계 향상 및 사회적 기술 향상
12		내가 주고 싶은 선물	• 비밀주머니 • 수정토를 이용한 지지의 글과 그림을 선물하기 • 긍정적 자아상 형성 및 또래관계 향상

1) 초기: 1~3회기

초기단계는 프로그램 소개와 함께 긴장을 이완시키고 흥미를 유발하는 단계이다. 놀이처럼 진행되는 자유로운 활동과 작업 안에서 집단원 간 신뢰감을 형성하고 긴장을 이완하며 흥미를 높일 수 있다. 이 과정에서 자아를 탐색하고 자아를 인식하는 시간이 된다.

1회기 누가 누가 더 높이

첫 회기는 집단원이 자신에 대한 소개와 프로그램 활동 내용들에 대한 비밀 규칙 등을 안내하는 시간이다. 도입시간 놀이를 통하여 집단원 간 친밀감을 형성하고, 본 활동에서는 통제성이 낮은 물감과 비눗방울액을 이용하여 미술활동에 대한 흥미유발과 심리적 이완을 촉진시킨다.

* 준비물: 비눗방울액, 투명컵, 약간의 높이가 있는 사각쟁반, 빨대(대), 물감, 물, 8절 켄트지, 파스텔, 색연필, 사인펜

◎ 도입: 한 걸음
① 술래가 "한 걸음" 또는 "두 걸음", "세 걸음" 등 미션을 제시한다.
② 제시된 미션만큼 걸음을 걸어서 술래로부터 멀리 도망간다. 이때 술래에게 잡히면 잡힌 사람이 술래가 된다.

◎ 프로그램 진행
① 비눗방울을 직접 만들어 본다('유의점' 참조).
② 비눗방울액을 투명컵에 담고 사각쟁반 위에 놓는다.
③ ②에 빨대를 넣어 잘 섞어 준 다음 비눗방울 놀이를 한다.
④ 색 비눗방울액을 만들기 위해서 원하는 색 물감을 비눗방울액에 넣고 잘 섞은 후, 컵에 빨대를 꽂은 채 불기를 한다.

⑤ 쟁반 바닥으로 흘러내린 비눗방울을 위에서 화지로 찍어 낸다.

⑥ 찍어 낸 ⑤의 이미지들을 충분히 감상한 후, 그 이미지에 연상되는 그림을 그려 준다.

⑦ 완성된 작품에 대해 이야기 나눈다.

⑧ 전체 느낌을 나누고 마무리한다.

유의점
• 비눗방울액 만드는 방법
 −방법 1) 물(6)+주방세제(2)+물엿(1)+글리세린(1)+물감
 −방법 2) 물(1)+물풀(1)+주방세제(1)
• 위와 같은 방법으로 물엿과 글리세린을 넣어 액을 만들면 비눗방울에 탄력이 생겨 잘 터지지 않는다.
• 물감의 양에 따라 비눗방울 색의 선명도가 다르다.
• 빨대의 굵기에 따라 비눗방울 크기가 달라진다.

2회기　친구야! 안녕~

털실이 감겨 있는 실 뭉치를 서로 굴리며 만들어 낸 집단 역동은 집단의 적극적 상호작용을 촉진시키며 관계인식 및 친밀감을 형성한다. 털실의 엉킴은 의도치 않은 갈등상황과 같은 자기정체감을 투사하고 있어 스스로 해결해 나갈 수 있는 자기 주도적 방법의 기회를 갖게 한다.

* 준비물: 다양한 색의 털실, 가위, 목공풀, 4절 켄트지, 포스트잇, 파스텔, 파스넷, 사인펜

◎ 도입: 우리 집에 왜 왔니?
① 집단을 두 팀으로 나누어 손을 잡고 두 팀이 서로 마주보고 선다.

② 한쪽 팀이 먼저 "우리 집에 왜 왔니, 왜 왔니?"라고 하면, 상대방 팀은 "꽃 찾으러 왔단다, 왔단다."라고 하면서 다가간다.

③ "무슨 꽃을 찾으러 왔느냐 왔느냐"라고 물으면 다시 상대방 팀은 "○○(친구 이름을 부른다.) 꽃 찾으러 왔단다, 왔단다"라고 하면서 다가가, 자기 이름이 불린 친구와 가위바위보를 한다. 이때 이기면 그 친구를 자기 팀으로 데려오고, 지면 상대방 팀에게 넘긴다.

◎ 프로그램 진행

① 집단원이 색 털실을 한 개씩 가지고 큰 원을 만들어 앉는다.

② "○○아 안녕, 내 실을 받아줘."라는 말과 함께 털실 끝을 잡고 자신이 원하는 사람에게 털실을 굴려 보낸다(전체 인원에게 한 번씩 보낼 수 있도록 반복).

③ 두 번째로 "○○아, 지난번에 ~~해서 미안했어(고마웠어)." (전체 인원에게 한 번씩 보낼 수 있도록 반복).

④ 털실이 다 풀리면, 얽혀 있는 털실 그물을 보고 느낌을 나눈다.

"이렇게 얽혀 있는 털실을 보면 어떤 생각이 드나요? 이렇게 서로 얽혀 있는 털실처럼 우리 관계도 서로 얽혀 있지요. 얽혀 있는 관계 속에서 속상한 마음도 있고 화가 나는 마음도 있을 거예요. 어떻게 하면 우리 서로가 행복해질 수 있을까요? 얽혀 있는 털실 중 자신의 마음에 드는 부분을 잘라 행복하고 즐거운 모양으로 화지에 꾸며 볼까요?"

⑤ 마음에 드는 부분을 가위로 잘라 화지에 붙이고 컬러링 도구로 꾸민다.

⑥ 제목을 짓고 자신의 작품을 발표한다.

유의점

• 활동과정에서 느낀 점 나누기

 －털실을 서로 주고받을 때의 기분과 느낌은 어떠했나요?

 －친구가 나에게 미안하다고(고맙다고) 말했을 때의 기분은 어떠했나요?

　－털실이 엉켜 있을 때의 느낌과 털실을 잘라 자신의 화지에 꾸며 준 느낌에
　　는 어떤 차이점이 있었나요?
• 집단의 성격과 상황에 따라 화지에 꾸미기 활동을 다른 내용으로 진행할 수
　있다.

3회기　난화 이야기

　자유로운 집단난화 놀이는 집단원 간의 흥미로운 상호작용을 가져오며, 집
단 스토리텔링은 자아탐색과 자기인식, 집단원 간 친밀감을 형성한다. 나아가
난화를 하는 과정에서 자신과 타인의 영역의 한계에 대해 인식하고 나아가 타
인과의 관계형성에서 존중과 배려에 대해 생각하는 시간이 된다.

　＊준비물: 검정색 켄트지 전지(팀별 1장). 흰색 켄트지 전지(팀별 1장), 크레파
　　스, 파스텔, 가위, 풀, 투명테이프

◎ 도입: 소중한 친구 모셔 오기
　① 집단원은 둥근 형태로 의자에 앉아, 빈 의자를 한 개 배치해 둔다.
　② 빈 의자 양 옆에 앉아 있는 사람은 함께 손을 잡고 다른 의자에 앉아 있
　　는 사람을 데려와서 빈 의자에 앉힌다.
　③ 음악이 흐르는 동안 활동을 진행하며, 음악이 멈추면 활동을 멈춘다.
　④ 이때 자리에 미처 앉지 못한 사람은 미션을 수행하게 한다. 미션은 집
　　단원끼리 의논하여 정한다(막춤추기, 신체를 이용한 이름쓰기 등).

◎ 프로그램 진행
　① 집단원을 두 팀으로 나눈다.
　② 규칙에 대한 안내를 한다.

"난화를 하는 동안 서로의 공간 구분 없이 자유롭게 난화를 하면 되는데, 만약 자기만의 공간을 가지고 활동하고 싶어 하는 친구가 있으면 그 친구의 공간을 넘어가지 않도록 하세요. 서로의 공간을 넘어갈 때 먼저 친구에게 넘어가도 되는지 물어보세요."

③ 바닥에 있는 흰색 전지에 자유롭게 난화를 한다.

④ 난화 후 개인당 3~5개 정도 이미지를 찾아 색칠하고 가위로 오린다.

⑤ ④를 검정색 켄트지 전지에 집단원이 상의하여 붙이고 주변을 꾸며 준다.

⑥ 완성된 작품을 스토리텔링한다.

⑦ 팀별로 작품 제목을 짓고 발표한다.

유의점

• 활동과정에서 재미있었던 부분과 불편했던 부분에 대해 소감을 나누고 존중과 배려에 대해 생각하기

– 서로 불편하지 않고 재미있게 생활하려면 친구끼리 어떻게 하는 것이 좋은가?

– 서로 존중해 준다는 것은 어떻게 하는 것인가?

– 배려란 어떻게 하는 것인가?

2) 중기: 4~9회기

중기단계에서는 자기표현과 감정표현을 통한 정서적 불안감을 감소시키고 긍정적 자기인식과 함께 자아존중감을 높일 수 있도록 돕는다. 또한 집단원 간 긍정적 상호소통을 통하여 자기중심 세계에서 벗어나 타인의 감정을 인식하고 조망하는 능력을 향상시키는 단계이다.

지금 내 마음은

부드럽고 촉촉한 매체로의 몰입은 긍정적인 퇴행을 경험하게 하고, 점토의 가소성은 내면의 억압을 감소시켜 주는 효과가 있다. 이러한 점토를 이용한 무의식적 자기표현은 부정적이고 억압된 정서를 자극하고 감정과 정서를 이해하게 한다. 나아가 자신과 타인과의 관계형성을 도와 타인조망능력을 향상시킨다.

* 준비물: 지점토, 점토도구, 사인펜, 크레파스, 파스텔, 파스넷, 8절 켄트지, 조용한 음악, 나무 봉(100cm)

◎ 도입: 봉을 사수하라
① 원 형태에서 각자 봉을 한 개씩 바닥에 세운 채 선다.
② 상담사가 "오른쪽으로" 또는 "왼쪽으로" 미션을 주면, 자신의 봉을 세워 둔 채 재빠르게 위치를 옮겨서 옆 사람의 봉을 잡는다. 자신이 잡으려고 하는 봉이 쓰러지는 사람은 탈락이다.
③ 처음에는 원을 작게 만들었다가 점차 원을 넓혀 가면서 놀이를 진행한다.
④ 마지막까지 봉을 쓰러트리지 않는 사람이 이긴다.

◎ 프로그램 진행
① 명상과 함께 지금 자신의 마음을 만나본다(조용한 음악).
  "잠시 눈을 감고 마음 여행을 떠나요. 하나 둘 셋…… 천천히 세 번 호흡을 합니다 …… 내 마음 안에는 여러 마음이 있어요. 화가 난 마음, 슬픈 마음, 즐거운 마음, 아쉬운 마음 등 여러 마음이 있습니다. 지금 어떤 마음이 떠오르나요? …… 천천히 그 마음을 만나 보세요. (잠시 시간을 갖는다) 이제 천천히 눈을 뜨고 나의 마음을 점토로 표현해 보세요."
② 지점토를 이용하여 지금 자신의 마음을 상징하는 형태를 만든다.
③ ②를 화지 위에 놓고, 상징물 주변에 생각나는 대로 자유롭게 그려 준다.

④ 완성된 작품의 제목을 짓고, 집단원에게 소개한다.

⑤ 집단원이 서로에게 힘이 나는 말을 해 줌으로써 긍정적 피드백을 준다.

⑥ 전체 소감을 나누고 마무리한다.

유의점

- 나의 생각과 감정과는 다른 친구의 마음, 또 공감되는 마음을 찾아 이야기 나눈다.
- 나의 마음이 친구의 마음과는 서로 다른 것이 당연하며 그것을 존중해 주어야 함을 알게 한다.
- 지점토에 사인펜이나 파스넷 등으로 색을 입힐 수 있으며, 조금 딱딱한 점토는 물티슈로 촉촉하게 만들어서 사용할 수 있다.

TIP 타인조망능력이란?

타인의 생각, 감정, 마음, 행동 등을 그 사람의 관점에서 이해하고 파악하는 능력을 말한다. 자기와 타인의 조망을 각각 이해할 수 있으며 한 사건에 대해 견해가 다르고 다른 관점을 틀렸다고 생각하지 않는다.

5회기 나를 화나게 하는 것

아동은 내면의 부정적 분노감정 인식과 분노감정 표출의 방법에 어려움이 있고 어떻게 표출, 조절하여야 하는지 잘 알지 못한다. 이는 또래관계에 부정적 영향을 주어 원만한 소통을 어렵게 한다. 이번 회기에서는 내 안의 다양한 감정 중 부정적 감정인 화를 떠올려 보고, 화를 표현하는 방법과 조절하는 방법에 대해 인식하고 이해하게 한다.

* 준비물: 점토(찰흙), 바닥에 깔 비닐, 점토도구

◎ 도입: 화

① 다양한 감정을 알아보고 '화'에 대해 이야기 나누면서 서로의 마음에
　대해 안다.
　　• 내가 화가 날 때는 언제인가?
　　• 최근에 화가 났던 경험 나누기
② '화'를 표현하는 방법에 대해 이야기를 나눈다.
　　• 내가 화를 표현하는 방법은?

◎ 프로그램 진행

① 집단 인원수에 따라 두 팀으로 나누고, 팀별로 벽에 전지를 붙이고 과
　녁을 그린다.
② 전지 위에 투명비닐을 덮는다(점토가 떨어지는 바닥까지 비닐을 덮는다).
③ 과녁을 맞추는 점토던지기 놀이를 한다.
④ ③이 충분히 진행된 후 바닥에 떨어져 있는 점토를 모두 모아 팀별로
　자유작품을 만든다.
⑤ 작품 제목을 짓고 팀별 발표한다.
⑥ '화'의 감정을 표현하는 방법에 대해 정리한다.

유의점

• 화는 자연스러운 감정인데 화를 내는 방법이 문제임을 알기
• 상대방을 비난하거나 판단하기보다는 그 상황에서 느꼈던 자기 기분을 전
　달하기
• 화가 난 감정을 표현하는 방법
　-내가 느낀 감정은: 나는 ~~한 기분이야.
　-나의 욕구표현: 나는 ~~하고 싶어.
　-화가 나는 이유: 나는 ~~가 느껴져서 화가 나.
　-책임지기(나의 잘못에 대하여 이야기하기): 미안해. 나도 ~~했어.

−요청하기: 앞으로 나도 ~할 테니 너도 ~해 줄 수 있니?
• 과녁판에 '화가 나는 상황'을 점수와 함께 표현하여 맞추는 놀이로 확장한다.

<h2>6회기   서로 다른 우리</h2>

욕구에 대한 자기인식과 함께 타인에 대한 인식을 높이고 타인을 이해하도록 돕는다. 아동들에게 친근한 동물인형을 통해 은유적으로 자신을 투사하여 표현함으로써 안전감을 느끼고, 자기 마음을 표현하여 자신과 친구의 욕구를 이해하는 시간이 되게 한다.

* 준비물: 동물인형, 8절 켄트지, 크레파스, 파스텔, 사인펜

◎ 도입: '알−병아리−닭' 놀이

① '알'이 된 아이들은 낮은 자세로 쪼그려 앉아 "알, 알, ……"소리를 내고, '병아리'가 된 아이들은 허리를 구부린 채로 날갯짓을 하며 "삐약, 삐약……", '닭'은 일어서서 한 손을 머리에 얹어 볏을 만들어 흔들고, 다른 한 손은 엉덩이 쪽에 꼬리를 만들어 흔들면서 "꼬끼오, 꼬끼오, 꼬꼬꼬"하며 돌아다닌다.

② 처음에는 모두 '알이 되어 돌아다니다가 서로 마주치는 사람과 가위 바위 보를 하여 이긴 사람이 병아리가 된다. 이때 진 사람은 계속 '알'이 된다.

③ 다시 같은 단계끼리 만나 만나는 사람과 가위바위보를 하여 알은 병아리가 되고, 병아리는 닭이 된다.

◎ 프로그램 진행

① 여러 가지 동물인형을 책상 위에 올려놓는다.

② 자신의 성격을 닮은 동물인형을 하나 선택한다.

③ 그 동물인형을 선택한 이유에 대해 이야기 나눈다.

④ 화지 위에 동물인형을 올리고, 동물을 중심으로 그 주변에 그림을 그린다.

⑤ 작품의 제목을 짓고 자신의 작품을 소개한다.

- 지금 이 동물은 어디서 무엇을 하고 있나요?
- 이 동물의 주변에는 누가 함께하고 있을까요?
- 이 동물의 기분은? 무슨 생각을 하고 있을까요?
- 이 동물이 가장 원하는 것은 무엇일까요?

유의점

- 자신을 닮은 동물을 선택한 이유에 대해 이야기를 나누는 과정 속에 자신과 타인은 서로 다름을 알게 한다.
- 틀림과 다름의 차이점에 대해 알게 한다.
- 인형 선택에서 중복이 생겨 다툼이 일어날 수 있으므로 인형의 개수를 넉넉하게 준비한다.

7회기   가면무도회

Jung의 페르조나에서 '가면'은 공적 혹은 사회적인 얼굴을 의미한다. '가면'은 자신 내면의 얼굴을 의미하기도 하며 한편으로 외현적으로 나타나는 공적인 얼굴을 의미하기도 한다. 이번 회기의 작업에서 이러한 가면의 의미를 통해 자신의 내면과 외현화된 자신을 인식함으로써 진정한 자신을 만날 수 있도록 한다. 진정한 자신을 인식함으로써 자아존중감 향상에 도움이 되게 한다.

* 준비물: 종이가면, 아크릴물감, 붓, 물통, 팔레트, 여러 가지 꾸미기 재료 (깃털, 보석류 등), 글루건

◎ 도입: 내 얼굴을 찾아라

"친구의 얼굴 특징을 이용해 친구를 기억해 내는 놀이를 할 거예요. 친구가 그린 내 얼굴을 다른 친구들이 그린 그림과 섞어 놓는다면 찾아낼 수 있을까요? 미술시간이 아니기 때문에 좀 못 그려도 괜찮아요. 혹시 친구가 내 마음에 들지 않게 그렸더라도 최선을 다해 그린 그림이라는 것을 기억해 주세요. 먼저 두 사람씩 짝이 되어 보세요. 그리고 서로 얼굴의 특징을 자세히 관찰해 주세요. 조금 있다가 친구 얼굴을 보지 않고 그릴 거예요."

① 두 명씩 짝이 되어 약 20초 정도 서로의 얼굴을 바라보며 얼굴특징을 관찰한다.

② A4용지에 서로의 얼굴을 그린다. 이때 특징이 잘 나타나게 그린다.

③ 뒷면에 그림의 주인공 이름을 작게 적어 넣고, 바닥에 무작위로 펼쳐 놓는다.

④ 그중에 자신의 모습이라 생각되는 그림 앞에 선다.

⑤ 신호에 맞추어 동시에 자신의 모습이 맞는지 그림을 뒤집어 이름을 확인한다.

◎ 프로그램 진행

① 가면을 쓰는 것에 대해 이야기를 나눈다.

  • 가면이 필요하다고 생각하는가? 그 이유는?

  • 나는 언제 가면을 쓰는가?

  • 어떤 경우에 가면이 필요하지 않는가?

  • 가면을 많이 쓰게 된다면 어떤 일이 일어날까?

  • 가면을 써야 할 때 쓰지 않는다면 어떻게 될까?

  • 가면을 쓰지 않아도 될 때 쓴다면 어떻게 될까?

② 여러 종류 형태의 종이가면 중에 자신의 마음에 드는 가면을 고른다.

③ 물감을 이용하여 종이가면을 색칠한다.

④ ③이 끝나면 꾸미기 재료를 이용하여 가면을 완성한다.

⑤ 자신의 가면에 대해 소개한다.

　• 자신의 겉과 안에 대해 이야기한다.

⑥ 음악과 함께 자신이 만든 가면을 쓰고 가면무도회를 가진다.

⑦ 소감 나누기로 마무리한다.

　• 자신은 건강한 가면을 어떻게 쓰고 싶은가?

TIP　Jung의 페르조나

페르조나(persona)는 공적 성격(public personality)이다. 즉, 사람이 세상에 나타내는 양상이거나 사회적 외관 뒤에 존재하는 개인적 성격과는 대조적인 것으로 일반여론이 개인에게 고착시킨 것이다. 페르조나는 사회의 질서 속에 인정받을 수 있는 모습이며 생존하기 위해 필수적인 것이다. 일상생활에서 원만한 대인관계를 위해서 혹은 사회의 인정을 받거나 좋은 인상을 받기 위해 가면을 쓴다. 그러나 자아와 페르조나가 동일시되면 자신의 순수한 감정을 의식하기보다는 그가 맡은 역할을 더 의식하게 됨으로써 인간적 본성을 상실하고 건강한 삶을 살아가지 못한다.

8회기　핸드 트랜스

서로의 장점을 적어 주는 롤링페이퍼 활동을 통하여 또래관계에서 지지받는 긍정적 경험과 상호작용을 경험하게 한다. 또래와의 긍정적인 상호작용은 자존감 및 자신감을 높여 줌으로써 관계성을 향상시키는 기회가 된다.

＊**준비물**: 8절 켄트지, 유성사인펜, 양면테이프, 가위, 8절 색 켄트지 또는 우드록, 붓, 아크릴물감, 물통, 팔레트

◎ **도입: 사슬 풀기**

① 큰 원으로 둥글게 서서 자신의 좌우에 있는 사람을 잘 확인하여 봐 둔다.

② "즐겁게 춤을 추다가 그대로 멈춰라~" 노래를 부르면서 원 안에서 자유롭게 이동하여 서로 섞인다.

③ 노래가 끝나면 자신이 서 있는 자리에서 움직이지 않고 처음 자신의 양옆에 있었던 사람을 찾아 왼쪽에 있는 사람은 왼손, 오른쪽에 있는 사람은 오른손으로 잡는다. 이렇게 하면 손이 서로 꼬이게 된다.

④ 서로 몸을 움직여서 꼬인 손을 푼다.

⑤ 놀이가 끝난 후 느낌을 물어본다.

- 꼬인 손이 풀렸을 때 느낌은 어땠나요? 그 느낌은 일상에서 또 언제 느꼈나요?

- 꼬인 손이 풀리지 않았을 때 느낌은 어땠나요? 그 느낌은 일상에서 또 언제 느꼈나요?

◎ 프로그램 진행

① 자신의 양손을 화지 위에 본뜨고, 이름을 적는다.

② 집단원은 본뜬 화지를 오른쪽으로 돌려 가면서 손가락 마디에 장점 하나씩을 적어 준다.

③ 마지막에는 남은 손가락에 자신의 장점을 채워 넣는다.

④ 완성된 ③을 발표하고 느낌을 나눈다.

- 친구들이 나의 장점을 적어 주었는데 기분이 어떤가요?

- 친구의 장점을 적어 줄 때 어떤 생각이 들었나요?

⑤ 여러 색 켄트지 중 자신의 마음에 와닿는 색 켄트지를 선택하여 ③을 오려 붙인다.

⑥ 자신의 손가락과 어울리는 그림과 글로 남은 공간을 꾸며 준다.

⑦ 활동에 대한 소감을 나눈다.

9회기 **행복릴레이**

　중기 마지막 회기인 9회기에는 또래관계의 긍정적 경험을 강화시켜 자신감을 가질 수 있도록 돕는다. 서로 사진을 찍어 주는 활동을 통하여 관계성을 증진하고, 자신의 사진을 캔버스에 꾸미는 과정에서 자아존중감이 향상된다. 또한 마니또를 정하여 또래관계에서 행복감을 증진할 수 있도록 한다.

* 준비물: 즉석카메라, 4호 캔버스, 마끈, 글루건, 아크릴물감, 붓, 물통, 팔레트, 나무집게, 꾸미기 재료(나무 조각), 반짝이 가루, 신문지

◎ 도입: 사진 찍기
　① 오늘 진행될 활동에 대해 소개를 한다.
　② 집단원끼리 서로 사진을 찍어 주는 활동을 하는데 개인 사진 1~2장과 모둠별 사진 1~2장을 찍는다.
　　"오늘은 서로 사진을 찍어 주는 행복릴레이 활동을 할 거예요. 어떤 포즈로 사진을 찍고 싶은지 각자 생각해 보고, 멋진 포즈를 취하여 서로 사진을 찍어 주세요."
　③ 모둠별 사진은 상담사가 찍어 줄 수도 있고 집단원이 서로 찍어 줄 수도 있다.

◎ 프로그램 진행
　① 사진을 붙일 캔버스에 배경 그림을 그린다.
　② ①을 여러 가지 꾸미기 재료로 꾸민다.
　③ 사진을 게시할 수 있는 끈이나 나무집게를 글루건을 이용하여 캔버스에 붙인다.
　④ ③에 출력된 사진을 붙여 준다.
　⑤ 자신의 사진에 제목을 짓고 집단원에게 발표한다.
　⑥ 행복릴레이에 대한 설명과 함께 소감을 나누고 마니또를 정한다.

유의점

• 마니또란? 비밀 친구 또는 제비뽑기 등으로 선정된 상대방에게 자신의 정체
  를 숨기고 편지나 선물, 선행 등을 제공하는 사람을 말한다. 마니또 활동은
  남은 회기마다 체크한 다음, 새롭게 마니또를 정하여 활동하게 해도 좋다.

3) 종결기: 10~12회기

종결기 단계에서 아동들은 집단응집력 증진을 통해 높은 자존감과 긍정적
자아상을 확립하며 집단구성원으로서의 소속감을 가지게 된다. 따라서 종결기
목표는 또래 간의 적극적이고 원만한 사회적 기술을 획득함으로써 집단응집력
을 형성하고, 또래관계에서 자신감을 가져 적극적인 또래관계를 형성하는 데
목표를 둔다.

10회기   우리는 하나

또래관계에서 조절할 수 있는 힘을 가지고 집단응집력을 경험한다. 색깔 시
트지를 이용한 개인 작업을 타인과의 집단 작업으로 완성해 가는 과정에서 자
기조절과 또래관계 하모니(조화로움)를 경험하는 계기가 된다. 이는 긍정적 자
아상 형성 및 또래관계 향상을 가져온다.

* **준비물**: 색 시트지(빨강, 파랑, 노랑, 초록), OHP필름, 유성매직, 4절지, 자석

◎ 도입: 자석놀이

① 2~3명씩 팀을 이루고, 팀별로 각각 다른 색 시트지를 갖는다(예: A팀은
  파랑색, B팀은 빨강색, C팀은 노랑색).
② 시트지를 각자 붙이고 싶은 신체부위에 붙인다.

③ 상담사가 "합쳐" 또는 "붙여"를 외치면 시트지를 자석이라 생각하고 교
   실에서 자신의 시트지와 같은 색 물체와 한 몸이 되어서 3초간 버틴다.

④ 상담사의 신호에 맞추어 다음에는 팀별로 한 몸이 되어서 3초간 버틴다.

⑤ 같은 색끼리 → 다른 색끼리 확대하여 놀이를 진행한다.

◎ 프로그램 진행

① 다양한 색 시트지를 개인에게 색깔별로 한 장씩 4장 나누어 준다.

② 시트지를 다양한 모양으로 오려서 OHP 필름지에 붙여 준다.

③ 집단원은 자신이 만든 작품과 비슷한 작품을 찾아가서 2~4명이 한 팀
   이 된다.

④ 팀별로 한 장의 화지에 ②를 올려 서로 조화롭게 겹치거나 펼쳐가며 작
   품을 완성한다.

⑤ 각 팀은 ④를 스토리텔링하고 작품의 제목을 정해 발표한다.

유의점

• 스토리텔링한 작품을 이용하여 팀별 연극을 완성하여 발표하며 확장작업
  할 수 있다.

• 놀이와 작업 과정에서 느낀 점을 이야기 나눈다.

11회기　**우리들이 함께 만든 세상**

'벽화'라는 공동 작업을 통하여 서로 협력해 가고, 그 과정 속에서 서로를 수
용해 나가는 사회적 기술과 긍정적 또래관계를 경험한다. 즉, 자기중심의 세계
에서 벗어나 타인과 협력하며 이해하고 사회에 적응할 수 있는 성숙한 인격을
형성해 나갈 수 있도록 돕는다.

* 준비물: 다양한 색깔의 종이 색 테이프, 가위, 연필, 지우개, 전지 여러 장, 투명테이프, 경쾌한 음악, 벽화 관련 시청각자료

◎ 도입: 조각상 릴레이

① 경쾌한 음악을 틀어 준 다음, 두 사람이 짝이 되어 선다.

② 한 사람(A)이 몸으로 조각상을 만들고, 짝(B)은 그 조각과 어울리는 조각상을 만든다.

③ B가 조각상을 완성하면 이어서 A가 B의 조각상을 보고 그에 어울리는 조각상을 표현한다.

④ ③과 같은 방법으로 앞사람과 어울리는 조각상을 만들며 놀이를 이어 간다.

⑤ 놀이를 하면서 어떤 점이 좋았는지 이야기 나눈다.

◎ 프로그램 진행

① 시청각 자료를 이용하여 다양한 벽화에 대한 소개를 하며 이해를 돕는다.

② '즐거운 우리들 세상'을 주제로 이야기를 나눈다.

- 언제 무엇을 할 때 행복한가요?

- 즐거운 학교생활을 하고 있는 우리들은 어떤 모습인가요?

- 우리들이 즐거운 세상을 만든다면 어떤 풍경일까요?

③ 여러 장의 전지를 가로로 길게 벽에 붙인다.

④ ②에서 나눈 주제로 그림을 그린다.

⑤ 완성된 벽화에 대해 발표한다.

⑥ 소감을 나눈다.

- 함께 벽화를 그릴 때 어떤 점이 좋았나요?

- 벽화를 그릴 때 나의 기분은 어땠나요?

- 함께 벽화를 그릴 때 좋지 않은 기분이 들었다면 어떨 때였나요?

- 완성된 벽화를 보니까 어떤 느낌이 드나요?

12회기 **내가 주고 싶은 선물**

마지막 종결회기로서 선물을 주제로 타인에 대한 배려와 감사하는 마음을
갖는다. 수정토(개구리알)를 이용한 지지의 글과 그림으로 선물하면서 서로를
지지하고 격려하는 시간을 갖는다. 이를 통해 긍정적 자아상이 확립되고 원만
한 또래관계가 형성되어 사회적 기술을 향상시킨다.

* **준비물**: 수정토(개구리알), 유리 화병, 레인보우지(스크래치 종이), 스크래
　치 도구, 투명테이프, 가위, 나무막대(산적꽂이용), A4용지, 사인펜, 테이블
　야자

◎ **도입: 비밀주머니**
　① A4용지를 1인당 4조각씩 만들어 각각의 종이에 듣고 싶은 말과 힘이
　　되는 말을 적는다.
　② 적은 종이를 섞은 후 '비밀주머니'에 넣는다.
　③ 상담사가 비밀주머니에 들어 있는 종이를 한 장씩 꺼내어 보여 주면 집
　　단원이 누구의 마음인지 알아맞힌다.

◎ **프로그램 진행**
　① 2인 1조로 짝을 지어 자리배치를 한다.
　② 하루 전에 불려 둔 알록달록한 색깔의 수정토(개구리알)를 유리병에 넣
　　는다.
　③ 레인보우지에 스크래치 도구를 사용하여 상대 친구를 향한 고마움에
　　대한 글과 그림을 표현한다.
　④ ③을 가위로 오려서 나무막대에 붙여 준다.
　⑤ 유리병에 ④와 테이블 야자를 함께 꽂아 완성한다.
　⑥ 완성된 작품을 서로에게 선물하는 의식을 갖는다.

⑦ 선물한 자신의 작품을 소개한다.

⑧ 친구로부터 받은 선물에 대한 소감을 이야기한다.

⑨ 프로그램 종결 소감 나누기를 한다.

04 아동의 자존감 확립을 위한 집단미술치료 프로그램

아동기는 영·유아기를 지나 청소년기로 가는 과정 중에 꼭 거쳐야 할 과정으로 초등학교 생활 속에서 조직적인 학습 생활을 경험하게 된다. 이 시기의 아동은 자발성을 가지고 자신의 능력을 시험하며, 도전과 실패를 경험하고, 자신을 스스로 조절하게 된다. 특히 아동기에는 지식획득과 더 넓은 세계로 들어가기를 원하며 또래관계가 형성되고 성공적인 경험능력이 근면함을 느낄 수 있게 하는 시기이다.

학교생활은 또래와 공동생활을 하는 역동적인 장으로 아동의 행동발달에 영향을 미친다(백양희, 장영숙, 1998). 학교에서의 다양한 경험은 아동으로 하여금 자신의 능력을 이해하고 도전하고 조절함으로써 점차 성장해 나갈 수 있게 하지만, 실패 경험으로 열등감을 느낄 수 있는 시기이기도 하다. 이러한 아동기 열등감은 낮은 자존감으로 연결되어 학습이나 또래관계에서 부정적인 영향을 줄 수 있다.

따라서 아동기의 건강한 발달을 위한 자존감 향상은 매우 중요하다. 자존감이란 '자신에 대한 전반적인 태도'를 말하는 것으로 자신에 대한 내·외적인 태도와 평가를 의미하기도 한다(Rosenberg, 1965). 건강한 자존감, 즉 자아존중감 (self-esteem)은 어려운 문제에 직면했을 때 자신을 신뢰하고, '할 수 있다'는 긍정적인 마인드로 자신의 감정을 조절하며, 문제해결을 적극적으로 할 수 있는 능력이기도 하다.

아동의 건강한 자아 확립을 위해 아동 스스로의 경험도 중요하지만 또래관계나 교사, 가족 내의 건강한 관계형성이 무엇보다 중요하며 부모의 양육태도 중에서 자녀에게 수용적 관심을 가지고 친밀과 애정, 온정성을 보여 주는 것이 아동의 높은 자존감에 영향을 주는 것으로 알려져 있다(Gecas & Schwalbe, 1986). 아동의 자존감은 건강한 성격발달과 사회적 적응에 중요한 요소로서 행동, 감정, 동기, 성취 및 인간관계에 이르기까지 폭넓게 영향을 미친다(김혜영, 2001).

또한 자존감은 자기 스스로 가치 있게 느끼고 인정함으로써 개인의 내면에 강력한 원동력이 되는 장치이다. 나아가 미래의 어려운 과업에도 적절하게 대응할 수 있는 힘을 지니고 있다. 아동기의 자존감은 유아기의 자존감과는 달리 여러 가지 상황에서 스스로 실패와 좌절을 이겨내는 힘이므로 더욱 중요하다고 볼 수 있다. 낮은 자존감을 가진 아동은 타인에게 쉽게 이끌리고 좌절하며 자신의 단점을 드러내기를 두려워하고 자신에 대해 열등감을 가지므로 어려운 상황이 되면 회피하려고 한다(김동연 외, 1997). 아동의 건강한 자존감은 자기조절능력과도 연관이 되어 있으며 긍정적인 태도를 가질수록 자신의 사고와 감정을 다루는 능력과 충동억제 능력이 높게 나타났다(이경님, 2001). 자존감이 낮은 아동은 자존감이 높은 아동보다 학교생활 부적응 및 비행 등 문제행동이 더 많이 나타나며, 자기조절능력 역시 문제행동에 유의미한 영향을 미치는 것으로 보아 자기조절능력과 자존감 간의 연관성이 있음을 시사하고 있다(김호정, 2001; 김지연, 2003; 이지민, 2012).

이처럼 아동기에 건강한 자존감을 형성하는 것은 매우 중요하다. 높은 자존감은 자신감을 심어 주어 아동이 접한 상호관계, 즉 또래관계 및 다양한 사회관계 속에서 자신에게 문제가 생겼을 때 올바른 사고 판단을 할 수 있도록 하는 안전한 장치이기도 하다. 아동기에 형성된 건강한 자아상과 자존감은 이후의 삶에 전반적으로 영향을 주며 지속적인 성장의 원동력이 될 수 있다. 따라서 건강한 자존감을 형성시키기 위한 아동 발달단계에 따른 접근이 필요하며, 아동이 가장 접하기 쉽고 다루기 쉬운 미술작업을 통한 성취감은 아동의 자존감을 향상할 수 있는 작업이 될 수 있다. 미술을 매개체로 한 작업은 쉽게 접할 수 있고 다양한 효과와 마무리를 통한 성취감을 이룰 수 있으므로 아동에게는 가장 간단하면서도 접하기 쉬운 매체이기 때문이다.

따라서 자존감을 높일 수 있는 프로그램의 구성은 좀 더 특별해야 한다. 기본적으로는 관계형성, 타인수용, 유능감과 성취감, 자기평가 및 수용의 단계별 경험을 통해 자신과 타인의 긍정적 이미지와 세상에 대한 긍정적 이미지를 습득하는 과정으로 구성된다(Campbell, 1990; Coopersmith, 1967; Rogenberg, 1965).

아동의 자존감 확립을 위한 집단미술치료 프로그램은 이러한 기본 구성을 바탕으로 아동기의 건강한 자존감 향상을 위해 설계되었다. 이 프로그램을 통해 아동 개인의 긍정적 자아성장과 심리건강 증진, 스트레스 해소, 학습 태도 및 능력 강화 등 심리내적 변화에 긍정적 영향을 미칠 것이다. 또한 아동기의 잠재된 성장을 도모하고, 나아가 집단원 안에서 긍정적인 심리적 자원을 받아 아동 개인의 행복감과 정서적 안정, 미래에 대한 희망을 심어 줄 수 있을 것이다.

아동의 자존감 확립을 위한 집단미술치료 프로그램

1. **주목표**: 흥미롭고 다양한 미술활동을 통한 자아성취감, 그리고 집단원과의
   건강한 상호작용을 통한 자기조절능력은 아동의 자존감을 향상시킨다.

2. **단계별 목표**

단계	회기	목표
초기	1~3	집단원과의 친밀감 형성과 자기탐색
중기 1	4~6	감정표현과 부정적인 감정 해소하기
중기 2	7~8	타인과의 긍정적 상호 교류를 통한 성취감과 자아만족감 형성
종결기	9~12	긍정적 자아상 확립을 통한 자존감 향상과 미래 희망감 고취

3. **프로그램 구성**

   • 회기: 총 12회기, 회기당 70~80분
   • 대상 및 적용: 아동 8명 이내

4. **프로그램 세부내용**

회기	단계	주제	내용
1		나의 멋진 이름표	• 프로그램 소개 및 규칙이해 • 글리터 펠트지를 이용해 세상에서 하나뿐인 이름표를 만들고 프로그램 진행과정 중 사용할 수 있도록 함 • 초기 라포 형성과 참여동기 부여
2	초기	나랑 너랑	• 집단원 간 인터뷰 진행 • 주변의 관계를 색과 모양으로 표현하여 자신과 주변을 탐색 • 관계탐색을 통한 자신이해
3		나는 이런 사람!	• 그대로 멈춰라! • 5가지 장단점을 찾아보고, 단점 팔기를 통해 나의 자원을 찾음 • 자기이해와 자기개방

4	중기 1	난화 play	• 집단 풍선난화 • 전지 집단 난화놀이를 통한 자기표현 • 난화를 통한 감정표현
5	중기 1	내 마음 이야기	• 손가락 스트레칭 • 무의식여행을 통한 클레이 상자 속 자기욕구 탐색 • 잠재된 자기욕구 탐색
6		다섯 가지 감정인형	• 감정 활동지 활동 • 기쁨이, 슬픔이, 버럭이, 까칠이, 소심이 인형을 만들어 자신의 다양한 감정 인식 • 다양한 감정인식과 표현, 부정적 감정 해소
7	중기 2	뭉쳐야 한다!	• 풍선을 날려라~ • 집단별로 나무젓가락 건축물을 높이 쌓아 집단원 간의 응집력과 단결력, 승리의 기쁨 등을 경험 • 타인과의 긍정적 상호 교류와 자아성취감
8		행복한 나	• 칭찬샤워 • '나' 이어 그리기를 통한 집단의 행복메시지 전달 • 집단의 피드백을 통한 자아만족감 형성
9	종결기	최고의 긍정왕!	• 두근두근 칭찬게임 • 창조적 자기작업을 통한 자기만족감과 수용 • 긍정적 자아상 형성
10		소망나무	• 팀 만들기 • 모두의 나무를 협력해서 만들고 미래의 자신에게 쓰는 편지를 통해 희망감 고취 • 긍정적 자아상 확립과 자존감 향상
11		행복의 나무 심기	• 내가 사랑받는 이유 5가지 • 다육이와 화분으로 자신만의 나무를 심고 꾸며 미래의 희망과 정서적 안정감 고취 • 자존감 향상과 미래 희망감 고취
12		종결 파티 및 배지 수여	• 넌 할 수 있어! • 자신만의 배지를 만들어 스스로에게 칭찬과 격려를 보냄 • 종결 파티와 함께 집단원 간 격려 · 지지의 시간을 가짐 • 자존감 향상과 미래 희망감

1) 초기: 1~3회기

초기단계에서는 집단원과 상담사 간의 친밀감을 형성하고 프로그램에 대한 충분한 이해를 바탕으로 자기 신뢰를 쌓도록 한다. 아동들은 집단상담에서 쉽게 흥미를 잃거나 산만해질 수 있으므로 이에 따른 적절한 보상이나 간단한 친밀감 형성 게임을 사용하는 것이 필요하다.

1회기   **나의 멋진 이름표**

첫 회기에는 프로그램에 대한 충분한 안내와 함께 집단원이 지켜야 할 사항과 규칙에 대해 이야기를 나눈다. 활동지를 통해 서로 규칙을 제시해 함께 만들 수도 있으며 서로에 대한 배려를 배운다. 1회기에는 아동들이 쉽게 접할 수 있고 작품 효과가 좋은 재료를 이용해 이름표를 만든다.

* **준비물**: 사인펜, 규칙지(부록 참조), 글리터 펠트지, 검정색 하드펠트지, 글루건, 가위, A4용지, 옷핀(인원수만큼), 꾸미기 재료(장식)

◎ 도입: 우리들의 약속

프로그램에 대한 소개와 규칙에 대해 이야기를 나누고 규칙지에 적는다.

◎ 프로그램 진행

① A4용지에 자신의 이름을 블록체로 쓴다.

〈예시〉 홍길동

② 글리터 펠트지 위에 이름을 올리고 윤곽선을 따라 오린다.
③ 검정색 하드펠트지에 ②를 올려 여백을 두고 오린다.
④ ② 위에 ③을 붙여 구성한다.

⑤ 완성된 이름표에 옷핀을 붙여 준다.

⑥ 작품을 서로 소개하고 감상하는 시간을 갖는다.

유의점
• 완성된 이름표는 집단프로그램 회기마다 사용할 수 있다.

2회기   **나랑 너랑**

집단원 간 친밀감을 더하기 위해 도입에서 짝꿍 인터뷰 활동을 진행 후, 본 활동에서는 자연스러운 자기개방으로 편안함을 느낄 수 있게 한다. 또한 자기 개방과 더불어 자신에 대해 탐색하고 주변의 관계를 점검한다.

* 준비물: 색종이, 4절 켄트지, 가위, 풀, 색연필, 유성사인펜, 짝꿍 인터뷰 활동지(부록 참조)

◎ 도입: 짝꿍 인터뷰

활동지로 두 명씩 짝을 지어 인터뷰를 진행한다. 이때 한 명은 기자가 되어 질문을 진행하고 서로 역할을 바꿔서 실시한다. 인터뷰가 끝나면 집단원에게 자신이 인터뷰한 친구를 소개한다.

◎ 프로그램 진행

① 인터뷰 후 자신과 가족, 친구에 대한 이미지를 색종이와 유성사인펜을 이용해 그리고 가위로 오린다.

• 엄마를 생각하면 어떤 색과 형태가 떠오르나요?

• 친구를 생각하면 어떤 색과 형태가 떠오르나요?

② 오린 색종이를 붙일 때, 자신을 화지 중심에 붙이고 다른 대상자들은 자신의 주변에 붙여 준다.

③ 자신과 대상자들을 선으로 연결한다(대상자마다 떠오르는 색으로 연결).

④ 유성사인펜을 이용하여 색종이나 그 주변에 대상자 명칭과 특징을 적
  어 준다.

⑤ 자신의 작품을 소개한다.

유의점

• 도입 인터뷰 활동 후 자연스럽게 프로그램으로 이어질 수 있도록 미리 안내
  를 한다.

• 자신의 관계망에 대해 발표하기 힘들어하는 경우도 있으므로 그들의 의견
  을 존중하며 배려한다.

• 수성사인펜이 아닌 유성사인펜 사용은 색종이 표면에서 묻어나지 않기 때
  문이다.

3회기 나는 이런 사람!

집단원과 상담사 사이의 신뢰를 바탕으로 개인의 내적 자원을 찾아보는 활
동을 진행한다. 도입에는 흥미로운 활동으로 집단원 간의 신체적 접촉과 친밀
감을 촉진하여 집단원의 긴장이완을 돕는다. 본 회기는 집단원과의 적극적 상
호소통으로 자신이 미처 알지 못했던 자기가치와 자기이해를 돕기 위한 내적
자원을 탐색해 나간다.

* 준비물: A4용지, 색연필, 사인펜, 크레파스, 4절 켄트지

◎ 도입: 그대로 멈춰라!

노랫소리에 맞춰 집단원은 다 같이 자신만의 포즈를 잡다가 "즐겁게 춤을
추다가 그대로 멈춰라!" 하면 그대로 포즈를 유지한다. 이때 멈춘 상태에
서 움직이면 술래가 된다.

◎ 프로그램 진행

① 화지를 반으로 접어 2등분을 한 뒤 양손을 본뜬다.

② 왼손에는 자신의 장점 5가지를, 오른손에는 자신의 단점 5가지를 적는다.

③ ②로 나누기 시간을 갖는다.

④ 단점 사고팔기 게임을 진행한다.

- 첫 번째 사람이 자신의 단점을 소개한다.
- 단점을 사고 싶은 사람은 손을 든다.
- 손을 든 사람이 많을 경우, 가위바위보를 통해 이긴 사람이 살 수 있다.
- 자신의 단점을 가장 많이 판 사람이 승리한다.
- 타인의 단점이 자신에겐 장점이 될 수 있다.

⑤ 자신의 장점으로 '나는 이런 사람'이라는 주제로 문장을 짓고 그림으로 그린다.

⑥ ⑤를 발표한다.

⑦ 프로그램에 대한 소감을 나눈다.

- 나의 단점이 팔렸을 때 기분이 어땠나요?
- 나의 단점이 누군가에게는 장점이 되기도 한다면 어떤가요?
- 나의 단점을 장점으로 생각해 본다면?

유의점

- 단점을 사고 팔 때, 5가지 중에서 다 팔리지 않을 경우도 있으므로, 이때에는 상처받지 않도록 상담사가 적절히 중재를 하거나 부연설명을 통해서 단점을 좋게 부각시켜 줌으로써 다른 집단원이 살 수 있도록 유도한다.

2) 중기 I: 4~6회기

초기에 형성된 친밀감을 바탕으로 중기 1단계에서는 집단 안에서 안전감을 느끼며 내면의 여러 가지 감정에 대해 표현하고 드러낼 수 있도록 한다. 감정 인식과 표출을 통해 자신의 다양한 면을 이해하고 받아들인다. 이는 곧 건강한 자아성장을 위한 단계이기도 하다.

4회기   난화 play

내면의 다양한 감정을 마음껏 표출함으로써 내적 에너지를 발산시키고 스트레스를 해소하며 흥미로운 경험을 갖게 돕는다. 친밀감이 형성된 집단원과 함께 공동의 놀이를 통해 자신의 감정들을 안전하게 드러내고 수용한다.

* 준비물: 전지(팀별로 1장씩 준비), 크레파스, 투명테이프, 가위, 유성매직

◎ 도입: 풍선난화
   ① 집단인원에 따라 팀을 2~3팀으로 나누고 전지를 나눠 준다.
   ② 색깔별로 종이컵에 물감을 타고, 물풍선도 준비한다.
   ③ 물풍선을 종이컵 물감에 담갔다가 전지 위에서 굴린다(굴리기, 돌리기, 끌기 등).
   ④ 활동 후, 전시하고 감상한다.

◎ 프로그램 진행
   ① 집단 인원수에 따라 게임으로 집단원을 두세 팀으로 나눈다.
   ② 팀별로 전지를 바닥에 깔아 놓고, 자신이 원하는 크레파스를 잡는다.
   ③ 시작과 스톱에 맞춰 약 3분간 마음껏 낙서를 한다.
   ④ 낙서한 종이에서 개인당 이미지를 2개씩 찾는다(이때, 찾은 이미지는 유성매직으로 윤곽선을 그린다).

⑤ 찾은 이미지들을 화지 상단에 적는다.

⑥ 찾은 이미지 단어들을 이용하여 스토리를 만들고 제목을 짓는다.

⑦ 팀별로 스토리를 발표하고 포즈를 잡아 인증샷을 찍는다.

유의점

• 소극적이거나 내성적인 아동들은 난화에 어려움을 보이며 위축되거나 소외될 수 있으므로 난화를 시작하기에 앞서 허공에 손을 올려 허공난화를 시도한 후 진행할 필요가 있다.

5회기 | 내 마음 이야기

비정형매체인 아이클레이로 안전한 공간 속에서 자신의 욕구를 인식하고 내면을 통찰하면서 감정을 촉진한다. 클레이 작업은 아동들이 자신의 감정을 편안하게 드러낼 수 있게 하는 편안한 촉진제의 역할을 하며 탐색을 용이하게 한다. 작업 속에서 자신의 다양한 감정에 대해 수용하고 이를 표현함으로써 내면의 욕구를 찾아간다.

＊준비물: 아이클레이, 클레이 도구, 크레파스, 머메이드지

◎ 도입: 핑거 스트레칭

열 개의 손가락을 모두 펴고 상담사의 지시에 따라 손가락을 구부리며 움직인다. 양손을 반대로 구부리기(한 손은 엄지부터, 다른 한 손은 새끼부터), 반대로 펴기, 손가락 오므렸다 펴기, 주먹 쥐기, 엄지에 다른 손가락 터치하기, 양 손가락 서로 부딪치기……

◎ 프로그램 진행

① 조용한 음악을 배경으로 상상여행을 한다.

"지금부터 우리는 잠시 눈을 감고 여행을 떠납니다. 나는 지금 푸른 바다 위에서 배를 타고 여행을 하고 있습니다. 따스한 햇살과 비릿한 바다향이 나는 한가로운 낮이네요. 우리의 배는 천천히 항해하며 목적지인 작은 섬에 도착했어요. 눈부시게 반짝이는 모래사장에 배가 도착했네요. 천천히 배에서 내립니다. 눈앞에 작은 숲이 보이네요. 조금씩 숲에 다가가 봅니다. 상쾌한 나무 향이 납니다. 숲속으로 천천히 들어가 봅니다. 한 걸음 한 걸음…… 숲의 중간에 도착했어요. 그런데 눈앞에 세 개의 상자가 놓여 있습니다. 나는 상자에 가까이 다가갑니다. 첫 번째 상자에는 '가지고 싶은 것'이라고 적혀 있습니다. 그리고 두 번째 상자에는 '버리고 싶은 것'이라고 적혀 있네요. 마지막 상자에는 '남기고 싶은 것'이라고 적혀 있어요. 나는 천천히 첫 번째 상자를 열어 봅니다…… 무엇이 들어 있나요? 이번엔 두 번째 상자를 열어 봅니다 …… 무엇이 보이나요? 마지막으로 남은 상자를 열어 봅니다. 무엇이 보이나요? …… 이제 눈을 천천히 떠 봅니다.

② 머메이드지에 바다와 모래사장을 그린다.

③ 아이클레이 탐색(밀기, 뭉치기, 누르기, 찔러 보기, 붙이기, 끊어 보기 등)한다.

④ 세 개의 상자 속 이미지를 클레이로 형상화한다.

• 가지고 싶은 것

• 버리고 싶은 것

• 남기고 싶은 것

⑤ ② 위에 클레이로 만든 세 개의 이미지를 배치한다.

⑥ 자신의 작품들을 소개하고 나누기를 한다.

• 왜 그것이 가지고 싶었을까요?

• 특별히 버리고 싶은 이유가 있나요?

• 남기고 싶은 것은 나에게 어떤 의미가 있나요?

6회기　다섯 가지 감정 인형

　사람이 보편적으로 가지고 있는 감정에 대해 생각해 보고 표현한다. 적절한 감정표현은 아동기의 정서적 결핍을 예방하고 안정적인 어른으로 성장하기 위한 자양분이 된다. 다섯 가지 감정 인형을 통해 자신의 기분과 감정을 투사시켜 부정적이거나 억압된 감정을 해소한다.

　＊ **준비물:** 나무막대 또는 두꺼운 종이(휴지심), 다양한 색 털실, 폼폼이(대), 접착제, 꾸미기 재료, 사인펜이나 유성매직, 감정 활동지(부록 참조)

◎ **도입: 내 감정을 맞춰 봐!**
　감정 활동지를 이용해 주된 자신의 감정 알아차리기를 실시한다. 방법은 제시된 감정에서 일주일간 가장 주된 감정이었던 낱말을 찾아 당시의 기분, 상황에 대해서 활동지로 작업하고 돌아가며 이야기를 나눈다.

◎ **프로그램 진행**
　① 기쁨이, 슬픔이, 버럭이, 까칠이, 소심이의 5가지 감정 인형을 만든다.
　② 나무막대 또는 두꺼운 종이(휴지심)로 몸통을 만든 후, 윗부분에 다섯 가지 얼굴표정을 그린다.
　③ 털실이나 폼폼이로 머리를 꾸민다.
　　• 손가락으로 폼폼이를 뜯으면 더욱 풍성하게 연출된다.
　④ 꾸미기 재료로 개인의 작품을 개성 있게 만든다.
　⑤ 각각의 인형에 이름을 붙인다.
　⑥ 만든 인형을 소개한다.
　　• 나의 '기쁨이'를 소개할게요. 내가 가장 기뻤던 적은……
　　• 나의 '슬픔이'를 소개할게요. 내가 가장 슬펐던 적은……
　⑦ 집단원에 따라 두세 팀으로 나눈다.

⑧ 팀별로 4절지를 놓고 개인별로 가장 마음에 와닿는 인형을 원하는 곳
   에 배치한다.
⑨ 배치한 인형에 팀별로 말풍선을 달아 하나의 스토리를 만들어 본다.
⑩ ⑨에 대해서 서로 소개하고 소감을 나눈다.

유의점

• 인형이라는 매개체를 통해 자신의 감정을 자연스럽게 표현하고 투사하면서
  상호 교류하는 시간이다. 따라서 상담사는 아동들이 자신의 감정을 편안하
  게 드러낼 수 있도록 부드럽고 안정된 분위기를 제공할 수 있도록 한다.

3) 중기 2: 7~8회기

원만한 자기표현과 감정표출을 통해 타인과의 긍정적인 상호교류를 하며 자
아성취감과 자아만족감을 경험한다. 건강한 자아성취감을 위해 자신을 있는
그대로 수용하고 실패에도 흔들리지 않는 단단한 내적 자원을 가질 수 있도록
하며, 건강한 자존감 형성을 위해 집단원의 적극적 지지와 단합, 긍정평가를
경험할 수 있도록 한다.

7회기 뭉쳐야 한다!

내면의 깊은 탐색에 이어 집단원 간 적극적인 상호교류와 활발한 소통을 통
해 이루고자 하는 목표를 달성하는 힘을 기르도록 한다. 집단원 간의 단결력과
응집력을 통해서 개인의 성취감 만족감을 경험한다.

* 준비물: 나무젓가락(넉넉하게), A4용지, 투명테이프, 색종이, 유성사인펜,
  풍선

◎ 도입: 미션! 풍선을 살려라!

　① 인원수에 따라 두 팀으로 나눠 풍선을 바닥에 떨어뜨리지 않고 오래 버티고 있는 팀이 승리한다. 집단원은 서로의 손을 잡고 풍선은 다른 신체 부위를 이용하여 띄우며 떨어트리지 않아야 한다.

　② 활동 후 소감을 이야기 나눈다.

◎ 프로그램 진행

　① 집단의 인원수에 따라 두세 그룹으로 팀을 만들어 조장을 정하고 팀의 닉네임을 만든다.

　② 팀별로 나무젓가락으로 높은 구조물 만들기 대회를 실시한다.

　③ 구조물 끝에는 깃발을 만들어 꽂는다.

　④ 팀별 작품명을 짓고 발표의 시간을 갖는다.

　⑤ 작품을 전시하여 감상하고, 단체 사진을 찍어 기념한다.

유의점

• 나무젓가락 대신 A4용지를 이용해도 좋다(A4용지를 다양하게 접어 높이 쌓아 올린다).
• 집단원이 서로 충분히 협력하여 구조물을 만들며 팀워크를 발휘할 수 있도록 격려한다.
• 구조물 쌓기 과정 중에 발생되는 지나친 경쟁 심리에 유의한다.

8회기 　행복한 나

　아동 개개인의 내면에 뿌리 깊은 긍정의 씨앗을 심기 위한 활동으로 긍정적인 자기 암시를 통해 자존감을 회복하는 과정으로 구성되었다. 이 활동을 통해 그동안의 자신을 새롭게 발견하고 타인을 통한 긍정적 피드백으로 행복감을 경험한다.

* **준비물:** 포스트잇, 유성사인펜, 색연필, 파스텔, 신체 도안(부록 참조)

◎ **도입: 나를 칭찬하자!**

① 자신의 장점을 마음속으로 생각한다.

② A4용지 위에 칭찬 글을 적어 잘 보이도록 자신의 앞쪽에 붙인다.

③ 차례대로 일렬로 선다.

④ 맨 끝에 있는 사람이 첫 번째 사람 앞으로 와서 칭찬 글을 읽는다.

⑤ 두 번째, 세 번째……일곱 번째까지 쭉 칭찬 글을 읽어 준다.

⑥ 다 읽고 자신의 자리에 돌아가면 첫 번째 사람이 마찬가지로 두 번째부 터 쭉 읽고 끝 사람 옆자리에 선다.

⑦ 마지막 집단원까지 돌아가며 활동한다.

◎ **프로그램 진행**

① 개인별 자신의 신체 도안에 '행복한 나'라는 주제로 자신의 모습을 꾸 민다.

② ①을 옆 사람에게 전달하여 추가로 그리고 배경을 꾸미게 한다.

③ ②의 활동을 집단원 전체가 돌아가며 이어 그린다.

④ 그림이 자신에게 돌아오면 마무리하여 완성시킨다.

⑤ 자기 작품에 대해 다음과 같이 이야기를 나눈다.

- 완성된 그림을 보며 어떤 마음이 드나요?
- 어떤 부분이 가장 마음에 드나요?
- 그림 속에서 어떤 행복을 찾았나요?

⑥ 포스트잇에 '행복의 글'을 적어 작품에 붙인다.

⑦ 프로그램 소감을 나눈다.

유의점

- 집단 이어 그리기 시, 묵언으로 진행되게 한다.

4) 종결기: 9~12회기

종결기에는 그동안의 프로그램 과정을 통해 단단해진 자아를 더욱 확장하고 나아가 건강한 자신감을 강화하여 자존감을 확립하는 단계이다. 건강한 자존감은 자신의 가치와 한계를 인정하고 더 발전할 수 있는 힘이다. 자신을 수용하고 승화시켜 긍정적 자아상을 확립하고 미래에 대한 가치와 희망을 발견한다.

9회기 | 최고의 긍정왕

창조적 예술작업을 통한 자신에 대한 만족감은 다양한 감정을 수용하고 표현하게 한다. 또한 타인과의 적절한 관계형성과 자신의 칭찬을 통해 긍정의 힘으로 긍정적 자아상 확립을 돕는다.

* 준비물: 긍정얼굴 도안(부록 참조), 단면접착 폼 보드(8절지), 가위, 풀, 색연필, 사인펜, 아이클레이, 색종이, 빨대, 말풍선 도안(부록 참조)

◎ 도입: 두근두근 칭찬 릴레이 챌린지

① 집단원들이 풍선을 하나씩 들고 돌아가며 3초 안에 자신의 자랑거리를 이야기한다.
② 3초가 지나면 상담사가 풍선을 터트린다.

◎ 프로그램 진행

① 폼 보드와 긍정얼굴 도안을 개인별로 준비한다.

② 긍정얼굴 도안을 오려 폼 보드 위에 붙인다.

③ 색연필과 사인펜으로 얼굴을 개성 있게 색칠한다.

④ 머리카락 표현은 아이클레이를 이용해 다양하게 표현한다(길쭉하게, 동그랗게, 구불구불하게, 꼬아서 등).

⑤ 얼굴 아랫부분은 색종이로 꾸며 준다.

⑥ 말풍선 도안에는 '자신이 듣고 싶은 말'을 적는다.

⑦ 작품제목을 붙이고 발표의 시간을 갖는다.

유의점

• 심약한 아동들의 경우, 풍선 터트리기를 할 때 겁을 먹거나 거부할 수 있으므로 주의한다.

10회기 소망나무

집단원의 단결력과 서로의 믿음을 보여줄 수 있는 활동을 통해 긍정적 상호 관계를 확립하고 집단 작업을 함으로써 상호지지를 경험한다. 협력하여 만든 작품은 개개인의 성취감뿐만 아니라 집단 역동에서도 만족감과 성취감을 준다.

* 준비물: '너도? 나도!' 게임 활동지(부록 참조), 전지 켄트지, 4절 켄트지, 물감, 큰 쟁반(6개 정도), 걸레 및 물티슈, 투명테이프, 가위, 크레파스, 포스트잇

◎ 도입: '너도? 나도!' 게임

개인별로 25칸이 그려진 종이를 나눠 준다. 이심전심 빙고 게임을 실시한다. 상담사는 미리 준비한 질문지로, ① 좋아하는 과자 5개, ② 좋아하는 TV 프로그램 5개, ③ 좋아하는 가수 5명, ④ 좋아하는 색 5개, ⑤ 좋아하는

동물 5마리를 주제로 자유롭게 칸에다 쓰도록 한다. 다 쓰고 난 후, 빙고 게임을 해서 가장 먼저 빙고가 된 사람이 승리하는 게임 방식이다.

◎ 프로그램 진행

① 집단의 인원수에 맞추어 두세 팀으로 나눈다.

② 팀별로 벽면에 전지를 붙이고, 전지 중앙에 나무줄기와 가지를 그린다.

③ 넓은 쟁반에 물감을 풀고 손바닥에 물감을 묻혀 개인별 화지에 손바닥 찍기를 한다.

④ ③의 손바닥을 가위로 오려서 ② 나무줄기 위 가지에 붙인다.

⑤ 포스트잇에 자신의 소망을 적어 자신이 붙여 주고 싶은 공간에 붙여 준다.

⑥ 팀별로 팀별 소망나무를 소개하고, 개인별 자신의 소망을 발표한다.

유의점

• 쟁반에 물감을 풀 때는 물을 적게 넣고 쟁반 바닥에 물감이 얕게 깔려야 한다. 아니면 물감과 물의 양을 충분히 하여 솜이나 스펀지를 깔아 손바닥을 찍으면 손바닥 찍기가 잘 된다.

11회기 행복의 나무 심기

살아 있는 식물을 이용한 활동은 생명력을 느끼게 하고 정서적 안정감을 촉진한다. 식물을 돌보는 과정을 통해서 온정성과 애착을 경험하여 자존감을 형성하고, 식물의 성장을 통해 미래희망감을 갖는다.

* 준비물: 다육이, 화분(투명컵), 꾸미기 재료, 유성매직, 스티커, 적당한 흙, 비료, 분무기, 화분 이름표, 미리 준비한 아이들 사진

◎ 도입: 내가 사랑받는 이유 다섯 가지

'강아지 똥'(동영상) 시청 후 내레이션에 따라 활동지를 적는다.

"아무짝에도 쓸모없는 강아지 똥은 자신이 왜 태어났는지, 왜 하필 똥으로 태어나 모두가 싫어하는 존재인지 의문을 품고 괴로워하지만 작은 민들레 새싹이 강아지 똥으로 인해 피어나는 것을 보며 자신도 쓸모가 있다고 생각합니다. 얼마나 기쁜지 눈물을 흘리며 자신을 자책하고 비난했던 지난날에 대해 반성하고 자신을 사랑하게 됩니다. 강아지 똥은 자신이 태어난 이유를 찾으며 이 세상에 쓸모없는 것은 하나도 없다는 사실을 알게 됩니다. 여러분도 이 세상에 매우 쓸모 있고 고귀한 존재로 태어났답니다. 자, 여러분이 사랑받는 이유 다섯 가지만 적어 볼까요?"

◎ 프로그램 진행

① 집단원에게 투명컵과 다육이, 흙, 비료 등을 나눠 준다.

② 투명컵 안쪽에 미리 출력해 둔 집단원의 사진을 붙여 준다.

③ ②에 다육이를 심는다.

④ 투명컵 바깥쪽에 유성매직이나 스티커를 이용해 그림을 그리거나 꾸민다.

⑤ 화분 이름표를 골라 자신의 화분 이름을 지어 준다.

⑥ 다육이가 잘 자라길 바라는 마음으로 적당한 물을 뿌려 주며 칭찬카드를 인용하여 외친다. "한국아, 넌 가장 소중해!"

⑦ 프로그램에 대한 소감 나누기를 한다.

12회기   종결파티 및 배지 수여

아동들은 건강한 자존감으로 자신을 칭찬하고 격려하며 적절한 보상을 한다. 또한 프로그램이 끝난 뒤에도 자기 자신을 더 깊이 사랑할 수 있도록 준비한다. 종결을 통해 긍정적인 자아와 미래에 대한 희망감을 갖는다.

* **준비물:** 그리기 배지 세트, 사인펜, 마커, 포스터 물감, 붓, 펜, 스티커, 활동지(부록 참조)

◎ 도입: 넌 할 수 있어!

칭찬 카드를 이용해 릴레이 뽑기 게임을 실시한다. 순서대로 돌아가며 카드를 뽑아 친구를 정해서 낱말 앞에 친구의 이름을 넣어 칭찬의 말을 해 준다. (예: 한국아, 넌 최고로 멋져!)

〈칭찬카드 예시〉

| 넌 최고 멋져! | 가장 소중해! | 반짝반짝 빛나는! | 넌 훌륭해! | 잘하고 있어! |

◎ 프로그램 진행

① 그동안 만들었던 작품들을 한 자리에 모아 놓고 작은 전시회를 개최한다.

② 서로 감상하는 시간을 가지며 회상을 한다.
  • 어떤 회기가 가장 좋았나요?
  • 어떤 회기가 불편했나요?

③ 배지 만들기 세트를 이용해 자신만의 멋진 배지를 만든다.

④ ③을 가지고 자신의 배지를 소개한다.

⑤ 완성된 배지를 원하는 곳에 달아 본다.

⑥ 종결파티를 하면서 소감을 나눈다.
  • 프로그램을 종결한 나에게 해 줄 격려의 말은?
  • 친구들에게 고마웠던 점은?
  • 만족하거나 아쉬웠던 점은?

청소년을 위한
집단미술치료 프로그램

05 청소년의 우울 감소를 위한 집단미술치료 프로그램

청소년 우울은 특정한 한 가지 이유만으로 생기지 않는다. 생물학적, 환경적, 심리사회적인 여러 원인이 개입되어 있다. 신경전달물질의 기능장애, 유전적 요인, 고통스런 경험, 최근의 나쁜 사건 등 그 이유는 아주 복합적이다.

아동기에서 성인기로 넘어가는 과도기 중에 있는 청소년기는 성호르몬의 급격한 증가로 인한 신체적 변화뿐만 아니라 심리사회적 변화가 매우 급격하게 이루어지는 시기이다. 학업에 대한 부담감과 진로에 대한 불투명성, 부모나 교사에 의한 간섭, 감독, 과잉기대 등으로 심한 스트레스와 중압감을 느끼며, 현실과 이상의 심한 불균형으로 인한 심리 정서적 갈등상태를 경험하게 되는 경우가 많다. 발달기적 특성과 함께 우울이 결합되면 발달영역에서 다양한 부정적인 영향을 받게 된다. 이런 과정에서 청소년들은 흡연이나 알코올과 같은 지위비행을 하게 되거나 공격성, 자살, 우울 등의 문제행동을 보이게 된다 (Lewisonhn, Rohde, & Seeley, 1998; 김순자, 2012 재인용).

많은 사람은 평생 살아가면서 우울을 경험하는데 우울증의 전형적인 증상은

홍미나 즐거움의 상실, 무력감, 주의집중 곤란, 무가치감, 자살에 대한 생각 및 자살시도행위, 미래 무망감, 수면장애, 세상에 대한 부정적 생각 등을 보인다. 우울증 소인이 있는 사람들은 부정적 정서와 부정적 강화에 더 높은 민감성을 가지고 있으며, 긍정적인 강화에 대해서는 소극적으로 받아들인다. 높은 불쾌감과 낮은 만족감이 반복되면 행동자체에 위축을 가져오게 되고 우울상태가 심화될 것이다.

우울증을 겪고 있는 청소년들은 혼자 있기를 좋아하고 사람과 함께 있기 보다는 방에서 혼자 많은 시간을 보내는 등 사회적 고립의 경향을 보이며, 불안, 공황, 섭식장애 등으로 인하여 학교생활의 어려움을 겪게 될 가능성이 높은 것으로 알려져 있다. 청소년기의 우울은 성인과는 다른 여러 가지 특징을 보이기도 하는데, 청소년기 우울증은 가면우울과 급성/만성 우울증으로 나눌 수 있다. 특히 청소년기의 우울증상의 하나인 가면우울(masked depression)은 성인 우울과 같은 슬픔이나 낙심 등의 우울증상이 나타나지 않고, 우유부단, 음주, 약물사용, 집중력 저하, 극심한 무력증, 권태감, 학교성적저하, 피로감 또는 두통, 복통 등의 신체증상이나 가출, 절도, 폭행과 같은 반사회적 행동, 비행 등으로 나타남으로써 진단하기 어렵고 경우에 따라서는 전혀 다른 문제로 인식되는 경우도 많다(김성일, 정용철, 2001).

Beck(1976)은 우울한 사람은 우울하지 않은 사람들과는 다른 인지적 처리과정을 갖고 있으며, 부정적인 사고를 하고 있음을 보고하고 있다. 우울장애의 인지처리과정 및 부정적 사고에 대한 이해는 인지삼제(cognitive traid), 인지도식(cognitive schema), 인지왜곡(cognitive distortion)을 통해 알 수 있다(이장호 외, 2009). 인지삼제는 부정적 자기가치감, 미래에 대한 부정적 생각, 세상에 대한 부정적 생각을 말하며, 인지도식이란 한 개인이 유사한 상황 혹은 사건에 대해 일관성 있게 개념화하고 반응을 보이는 비교적 안정적인 생각의 패턴이다. 인지왜곡이란 부정적인 자동적 생각을 말한다.

어린 시절 정서장애를 경험하는 사람들은 어린 시절의 경험을 통해 특정한 내용의 인지도식을 형성하고 있으며, 부정적인 생활사건에 부딪히면 자신의 인지도식을 통해 그 사건의 의미를 왜곡 해석하여 정서장애를 야기하게 된다.

우울장애는 현재 경험하는 사건에 대한 부정적이고 자동적인 사고를 하게 되며, 특히 경직된 신념은 '~해야 한다', '~해서는 안 된다' 등의 비합리적인 신념을 가지게 된다(정하나, 2014). 우울한 청소년의 비합리적인 신념은 자아에 심각한 영향을 미치게 되어 낮은 자기가치감과 자기개념을 형성하게 됨으로써 사회적 관계에서 위축감을 가져오게 된다.

청소년기는 심리적으로 자아정체성을 형성·확립하여 심리적 독립을 시작해야 하는 중요한 시기이며, 그에 따른 사회적 역할과 기대가 변화하고, 아울러 또래관계가 확장되면서 다양한 외적 스트레스와 심리적 갈등을 경험하는 시기이다. 우울증을 겪는 청소년들은 대체적으로 자존감 수준이 낮고, 자신에 대해 부정적이며 자기효능감이 낮은 경우가 많다. 즉, 정서적으로 자신이 중요하고, 가치가 있는 존재라는 점을 분명히 인식할 수 있도록 감정적 측면의 고려가 필요하다. 우울의 인지적 문제뿐만 아니라 자존감 향상도 청소년들의 우울감을 감소하는 데 도움이 될 것이다.

미술치료는 억압된 감정을 표출하고 감정을 정화함과 동시에 통찰을 통한 인지적 정화를 가져오는데, 이러한 미술치료의 특징을 통해 인지왜곡된 부분을 바로잡을 수 있도록 생각의 전환을 가져오게 하는 것이 필요하다. 즉, 우울한 청소년들의 주요 특징인 인지왜곡 부분을 미술치료에서 다루어 줌으로써 개인의 무의식적인 갈등, 정신역동 등을 파악할 필요성이 있다. 특히 미술치료와 인지행동치료의 결합은 언어적 저항과 방어를 줄이고, 다양한 시각적 기법들을 결합하여 의식적·무의식적 정서를 표현하게 하고 분출시킴으로써 감정적 정화를 촉진한다. 미술치료와 인지행동치료의 통합은 비합리적 신념을 합리적 신념으로 전환시켜 우울감을 감소시키는 등 상호보완적인 측면이 통합되어 상승적 치유효과를 가져올 수 있을 것으로 본다(오승주, 2015).

또한 미술심리치료는 창조적인 이미지를 통하여 언어적인 표현을 쉽게 해 주고, 잠재적 불안이나 위축을 완화해 주며 감정과 사고를 구체화시킴으로써 사회적으로 수용 가능한 방식으로 심리적인 스트레스와 부정적인 정서를 해소할 수 있는 정화의 기능을 한다. 미술기법을 활용한 상담 및 치료가 자기표현과 승화작용을 통해 자아를 성장시키고 삶을 변화시키는 실천적 힘으로 작용한다.

이 집단미술치료 프로그램에서는 무의식적 자기내면을 탐색하고 억압된 감정을 표출하여 감정적 정화와 인지적 통찰을 촉진시킨다. 부정적 자기가치감이나 자기개념을 긍정적 자아감과 자기상으로 변화할 수 있도록 하여 긍정적 자아상을 재정립하고 우울감을 감소시켜 주도적인 삶을 살아갈 수 있도록 하는 것을 목적으로 한다.

청소년의 우울 감소를 위한 집단미술치료 프로그램

1. **주목표**: 무의식적 내면을 탐색하여 억압된 감정을 표현하고, 인지적 통찰을 통한 자기통합감으로 우울을 감소시키고 긍정적 자아상을 갖도록 한다.

2. 단계별 목표

단계	회기	목표
초기	1~3	• 흥미유발 및 친밀감 형성 • 긴장이완 • 무의식적 내면 탐색
중기	4~9	• 억압된 감정표출을 통한 감정정화 • 자신의 긍정적 자원 찾기 • 인지적 통찰 및 자기통합
종결기	10~12	• 우울감소 • 긍정적 자아상 재정립 • 미래 희망감 고취

3. 프로그램 구성

- 회기: 총 12회기, 회당 90~100분
- 대상: 청소년 8~10명 이내

4. 프로그램 세부내용

회기	단계	주제	활동내용
1	초기	내 마음의 흐름을 따라서~	• 프로그램 소개 및 규칙제시 • 노래: 꿈을 뺏고 있는 범인을 찾아라! • OHP 필름지로 물감놀이 및 자유연상 이미지화 • 흥미유발과 무의식 탐색, 긴장이완
2	초기	내 마음의 흔적들 (탁본 드로잉)	• 눈치게임 • 물체를 이용한 문지르기 및 흔적을 이용한 연상 작업 • 자기 무의식 탐색
3		10가지 먹물난화	• 호흡과 이완 • 먹물난화를 이용하여 현재의 마음 형상화 작업 • 자기내면 탐색 및 집단원 간 친밀감
4	중기	내 안의 매듭을 풀어요	• 시: 흔들리면서 피는 꽃 • 마음 안에 있는 매듭(상처)에 대한 이미지 작업 • 감정분출 및 인지적 전환 촉진
5		나에게 가족은	• 고리 탈출 • 점토로 가족조각 만들고 가족에 대한 마음작업 • 가족에 대한 새로운 인식의 전환
6	중기	마음의 변화	• 진주 리모델링 • 동화를 활용하여 자신의 문제를 이미지화하고 새롭게 변형작업 • 새로운 인식전환과 긍정적 자원 찾기
7		빛과 그림자	• 천사와 악마 • 긍정적/부정적 생각과 느낌을 이미지화 • 인지적 자기통찰과 통합
8		우리 함께 win win	• 신뢰게임 • 웅덩이 화 그림 • 긍정적 에너지 증진 및 자존감 회복

9		나의 파워	• 장점 찾아 붙이기 • 잡지 콜라주로 내외적 힘을 상징하는 이미지 표현하기 • 긍정적 정서와 자기통합
10		마음에서 싹트는 소망	• 나는 최면술사 • 석고 손작업을 통하여 소망표현하기 • 긍정적 자아상과 미래 희망감 고취
11	종결기	새로운 봄을 꿈꾸며	• 새로운 봄에 대한 의미 나누기 • 타임캡슐 만들기 • 긍정적 자아상과 미래희망감 고취
12		희망 만다라	• 움직이는 조각상 • 캔버스에 글자로 만다라작업 • 자기통합과 미래 희망감 고취

1) 초기: 1~3회기

우울을 가진 집단원의 경직된 사고와 신체 이완을 위하여 통제성이 낮은 미술매체를 활용한다. 무엇을 그려야 한다는 부담감이 없는 비통제성 미술매체를 이용하여 집단원의 정서적 이완과 미술활동에 대한 흥미를 유도하여 자기정서를 탐색하는 시간이 되게 한다.

1회기 내 마음의 흐름을 따라서~

물감 흘려내리기 작업은 의식적 자기표현과 무의식적 유희를 오가며 정서적 이완 및 창조적 무의식을 이끈다. 다양한 색으로 혼합되어 번져 나가는 물감의 색조는 자기 무의식적 정서에 강한 영향을 주고, 심리적 이완과 흥미를 유발한다. 나아가 창의성을 촉진시켜 자기 무의식적 탐색을 돕는다.

* **준비물**: 8절 켄트지(개인별 2장), OHP 필름지, 수채화물감, 종이테이프, 노래 가사지, 음악, 블루투스 스피커

◎ 도입: 〈꿈을 뺏고 있는 범인을 찾아라〉 노래 듣기

　-윤도현 〈꿈을 뺏고 있는 범인을 찾아라〉 노래가사 참고

"이 음악을 듣고 자신의 가슴에 와닿는 가사가 있었나요? 자신에게 와닿는 가사에 줄을 긋고 발표를 해 줄 수 있을까요?"

① 음악을 듣고 자신의 가슴에 울림이 있는 가사에 밑줄을 긋는다.

② 개인별로 ①에 대해 발표하고 이야기를 나눈다.

③ 집단미술치료 규칙(시간엄수 및 비밀유지)을 안내한다.

◎ 프로그램 진행

① 8절 켄트지에 물감을 떨어뜨린다.

② ①에 또 다른 8절 켄트지를 덮고 물감이 퍼지도록 손바닥으로 문지른다.

③ 문지른 켄트지를 서로 분리하여 물감 얼룩의 느낌을 감상하고 이야기를 나눈다.

④ OHP 필름지에 물감을 떨어뜨린다.

⑤ ④에 또 다른 OHP 필름지를 덮고 물감이 퍼지도록 손바닥으로 문지른다.

⑥ ⑤의 작업을 여러 장 시도해 본다.

⑦ 작업한 작품들을 감상한다.

⑧ 자신의 마음에 와닿는 작품 한 장을 선택하여 필름지 가장자리에 종이테이프로 붙여 작품을 완성한다.

⑨ 제목을 짓고 자신의 작품을 소개한다.

- 이 제목을 붙인 이유는 무엇인가요?
- 이 작품을 선택한 이유는 무엇인가요?
- 종이와 필름지에서 각각 물감이 퍼져 나갈 때의 느낌은 어땠나요?
- 종이와 필름지에 문지르기를 할 때 손바닥의 느낌은 어땠나요?
- 종이와 필름지에 얼룩진 물감의 느낌은 어떻게 달랐나요?

유의점
- 물감을 붓으로 떨어트리기 위해서는 물감에 물을 조금 섞어 준비한다. 이때 물감과 물의 양에 의한 물감의 농도가 매우 중요하다.
- 물감의 이미지에 집중한다.

2회기   내 마음의 흔적들(탁본 드로잉)

단순하고 구조화된 놀이활동의 작업과정은 활동에 대한 흥미유발과 심리적 이완을 가져오고, 작업 결과물의 연상작업은 무의식적 자기탐색을 돕는다.

* **준비물**: 오일 파스텔, 마커 펜, 색연필, 사인펜, 여러 가지 탁본 재료들(동전, 나뭇잎, 접시, 음양이 있는 매체 등), 흰색 한지, 8절 켄트지, 가위, 딱풀

◎ **도입: 눈치게임**

집단원이 둥글게 서서 "눈치게임~ 눈치게임!"이라고 외치면 집단원이 서로 눈치를 보며 숫자 "1"을 말하며 앉는다. 다른 사람들도 다른 사람이 앉기 전에 "2"라고 말하며 재빨리 앉는다. 이때 한 숫자를 동시에 말하는 사람들은 탈락된다. 탈락된 사람들은 제외하고 남은 사람끼리 다시 시작하여 마지막까지 탈락되지 않고 남은 사람이 이기는 게임이다.

◎ **프로그램 진행**

① 여러 가지 탁본 재료(동전, 나뭇잎, 접시 등)를 만지며 질감에 대해 이야기 나눈다.

② 흰색 한지를 탁본 재료 위에 놓고 오일 파스텔로 문지른다(다양한 탁본 재료들을 번갈아 시도).

③ 마음에 드는 탁본 도안에 다른 문양들을 겹치게 탁본하며 질감이나 압

력, 색상 등에 변화를 준다.

④ 완성된 이미지의 주제에 대해 이야기 나눈다.

⑤ 이미지를 오려 내어 켄트지에 붙이고 주변에 추가 그림을 그려 준다.

⑥ 완성된 작품 제목을 짓고 이야기를 나눈다.

TIP 탁본(프로타주) 드로잉이란?

'문지르다', '마찰하다'라는 뜻인 프로타주는 나뭇잎이나, 동전 등 여러 가지 사물 위에 종이를 대고 연필이나 다른 여러 가지 색칠도구로 문질러서 다양한 질감으로 이미지를 따오는 기법으로, 막스 에른스트(Max Ernst)에 의해 발전되었다.

3회기 **10가지 먹물난화**

무의식적 자기표출에 도움을 주는 무채색 먹물난화를 통하여 정서적 이완과 무의식적 자기내면 탐색을 돕는다. 집단원과의 적극적 상호작용 과정과 타인을 통한 지지와 공감은 집단원 간 친밀감과 응집력을 증진시키고 개인의 심리적 안정감을 형성한다.

* 준비물: A4용지 개인당 10장, 먹물, 붓, 종이컵, 투명테이프, 조용한 음악

◎ **도입: 호흡과 이완**

손끝으로 모든 생각과 감정을 내보내는 명상을 통하여 마음을 정리하고 지금 여기에 머무를 수 있도록 돕는다(조용한 음악).

"잠시 눈을 감고 몸을 편안하게 이완하세요……. 천천히 숨을 깊이 들이마시고 내쉽니다. 하나, 둘, 셋…… 이제 나의 마음과 몸은 고요해졌습니다. 내 안에 들어 있던 나의 생각과 감정을 머리끝에서 발끝까지 모두 모아 손끝으로 내보냅니다 …… 이제 모든 생각과 감정을 내보낸 나는 편안해집니다(잠깐 시간을 준다) …… 다시 하나, 둘, 셋 숫자를 세면 천천히 숨

을 깊이 들이마시고 내쉬면서 눈을 뜹니다. 하나, 둘, 셋…… 이제 눈을 뜨세요."

◎ 프로그램 진행

① 10가지 주제(생명-과거-미래-문제-몸-나-아버지-엄마-영혼-현재)를 순서대로 A4용지에 먹물 난화를 그린다.

② 자신의 난화 10장을 주제 순서대로 벽에 붙이고 돌아가며 자신의 난화를 소개한다.

③ 소개가 끝나면 한 사람씩 앞으로 나와 다른 사람의 난화 10장의 위치를 바꿔 주고 싶은 곳으로 옮기고, '왜 그렇게 옮겨 주고 싶었는지' 이야기한다.

④ 집단원이 모두 돌아가며 ③의 과정을 진행한다.

⑤ 활동이 모두 끝나고 이야기를 나눈다.

- 친구들이 자신의 그림을 옮길 때 어떤 느낌이 들었나요?
- 집단원에게 지지받고 공감받는 느낌이 어떠했나요?
- 이 활동에서 나는 무엇을 느꼈나요?
- 이 활동에서 아쉬움이 남아 있다면 무엇일까요?

유의점
1. 주제를 순서대로 하나씩 불러 준다.
2. 집단의 에너지 수준에 따라 주제를 줄여서 진행할 수 있다.
3. 타인이 자신의 난화를 옮길 때 자신도 다시 나와서 이미지를 옮길 수 있다.

2) 중기: 4~9회기

우울이 내재되어 있는 청소년들은 정서적으로 부정적 정서와 왜곡된 인지의 특성이 있으므로, 자신의 내면에 있는 다양한 감정을 통찰하게 한다. 또한 가족 안에서 받은 스트레스와 상처를 다루는 과정에서 가족에 대한 새로운 인식의 전환을 갖도록 한다. 즉, 부정적 정서와 왜곡된 인지를 긍정적 정서와 합리적 인지로 바꿀 수 있도록 돕는다. 그리고 변화와 유지에 필요한 개인의 자원을 찾아 긍정적 에너지로 증진시켜 자기통합을 갖는다.

4회기 내 안의 매듭을 풀어요

잠재되어 있던 응어리진 감정들을 표출하게 하여 자기표현을 돕고 정서적 정화과정을 경험하도록 돕는다. 나아가 집단원 간 상호소통과 지지를 통해 개인별 인지적 통찰을 얻는다.

 * 준비물: 〈흔들리며 피는 꽃〉 시, 8절 켄트지, 크레파스, 사인펜, 포스트잇, 조용한 명상음악

◎ 도입: 〈흔들리며 피는 꽃〉 시 듣기
 −도종환 〈흔들리며 피는 꽃〉 참고
조용한 음악이 흐르는 가운데 시를 읽으면서 마음속의 울림이 오는 구절을 찾아 밑줄을 긋고 이야기 나눈다.
"삶을 살아가면서 누구나 흔들리는 꽃과 같이 성장하지요. 온실 안에서 자라는 꽃은 비바람을 맞지 않아 흔들림이 적겠지만, 자연에서 비바람을 맞으며 자란 꽃보다는 조그만 비바람에도 쉽게 꺾일 거예요. 우리 안에 있는 상처는 비바람을 맞으며 흔들리는 꽃과 같습니다. 비바람으로 인한 상처는 나를 더 크게 성장시키는 자원이 될 것입니다."

◎ 프로그램 진행
 ① 조용한 음악을 배경으로 눈을 감고 내레이션을 듣는다.
 "우리 마음 안에는 여러 가지 형태의 매듭(상처)이 있습니다. 잠시 눈을 감고 내 마음속에 떠오르는 매듭(상처)에 대해 생각해 봅시다 …… 숨

을 깊이 들이마시고 내쉬어 보세요. 하나, 둘, 셋 …… (세 번 깊은 호흡을 한다.)

마치 단단한 돌처럼 내 안 깊숙이 매듭이 있다. 상처 난 마음에 풀리지 않는 매듭 …… 그 매듭은 나를 아프게 한다. 헝클어진 마음 안에 단단하게 박혀 있는 돌덩이처럼… 언제부턴가 내 안에 깊숙이 박힌 매듭이 있다 …… (잠시 시간을 갖는다) 천천히 눈을 떠 주세요. 하나, 둘, 셋……"

"우리는 누구나 살아가면서 크든 작든 마음속에 매듭이 있습니다. 내 안에는 어떤 매듭이 있을까요? 잠시 명상을 하면서 매듭과 함께 떠올랐던 이미지를 그림으로 표현해 주세요."

② 눈을 뜨고 각자 떠오르는 매듭을 그림으로 표현한다.

③ 마음의 상처로 표현된 것에 대해 이야기를 나누고 느낌을 나눈다.

④ 제목을 짓고 느낌을 세 가지 정도 적는다.

⑤ 개인별 집단원 수만큼 포스트잇을 받아, 돌아가며 위로의 말을 적어 준다.

⑥ 프로그램에 대한 소감을 나눈다.

　• 집단원으로부터 지지받은 느낌은?

유의점

• 마음속의 상처는 자신을 성장시켜 주는 힘이 된다는 것을 알게 한다.

• 마음속의 상처를 수용할 수 있도록 돕는다.

5회기　나에게 가족은

오랜 시간 동안 가족 안에서 받은 스트레스와 자기 상처를 비정형 매체인 점토를 이용하여 무의식적 자기표현을 돕는다. 가족 배치 의식을 통하여 가족을 객관적으로 재인식하게 되고, 가족 간 불통과 소통의 요인을 찾아 가족을 향한 새로운 인식의 전환을 갖도록 한다.

＊ 준비물: 점토, 점토도구, 4절 우드록(3mm), 조용한 음악

◎ 도입: 고리 탈출

① 두 명이 짝을 이룬다. 한 사람이 몸을 둥글게 말아 고리를 만든 후 다른 사람은 상대가 만든 고리에 자신의 몸으로 고리를 만든다.

② 처음 고리를 만든 사람은 고리를 풀고 상대방이 만든 고리에 몸이 닿지 않도록 조심히 빠져나온다. 그리고 다시 상대방의 몸에 고리를 만든다.

③ 이런 방법으로 서로 고리를 만들고 빠져나오기를 반복한다. 고리를 만들 때 완벽한 고리가 되지 않아도 되며 고리형태로만 만들어도 되고 상대방이 빠져나올 수 있을 정도의 고리를 만들도록 한다.

④ 활동이 어느 정도 끝나고 나면 고리탈출에서 느껴지는 느낌에 대해 이야기를 나누고 가족관계에서 일어나는 감정에 대해 나눈다.

　• 연결되는 여러 관계는?

　• 관계에서 일어나는 다양한 감정은 무엇인가?

　• 고리와 가족관계에서 느끼는 감정은 어떤 감정인가?

◎ 프로그램 진행

① 부드러운 음악을 배경으로 눈을 감고 가족을 생각하면서 점토의 촉감을 느껴 본다.

　• 점토의 다양한 촉감 느끼기(말랑말랑한, 촉촉한, 딱딱한, 부드러운, 차가운, 거친 등)

　• 점토의 다양한 촉감의 느낌을 가족 구성원들과 연결시켜 보기

② 점토를 충분히 탐색한다(두드리기, 누르기, 뭉치기, 굴리기, 던지기, 찍기, 자르기 등).

③ 점토를 이용하여 가족 구성원들을 만든다.

④ ③을 우드록 위에 배치하고 가족들을 잠시 바라본다. 가족 간의 거리,

가족 간의 역동, 가족을 향한 감정, 배치되어 있는 가족들의 구조에 대해 이야기 나눈다.

- 나는 어디에 있나요?
- 나와 가장 가깝거나, 가장 멀리 있는 가족 구성원은 누구인가요?
- 배치되어 있는 가족의 모습에서 무엇이 느껴지나요?
- 가족을 바라보니 어떤 감정이 올라오나요?
- 지금 우리 가족은 무엇을 하고 있는 모습인가요?

⑤ 나누기 후, 내가 원하는 가족구조로 다시 가족을 재배치시켜 본다.
⑥ ④와 같은 방법으로 이야기를 나눈다.
⑦ 프로그램 소감을 나누고 마무리한다.

유의점
- 가족의 재배치 의식을 통해 가족을 향한 인식의 전환을 가져온다. 미처 발견하지 못했던 가족 관계를 재인식할 수 있게 한다.

6회기 마음의 변화

그림 동화책을 이용하여 자신의 문제에 대해 생각해 볼 수 있는 시간을 갖는다. '문제'를 문제로 보지 않고 그 문제를 새로운 출발점으로 바라볼 수 있도록 생각의 전환을 돕는다.

* 준비물: 8절 켄트지, 아크릴물감, 붓, 가위, 풀, 경쾌한 음악

◎ 도입: 진주 리모델링
① 먼저 술래 한 명을 정하고 나머지 세 명씩 짝을 짓는다(경쾌한 음악).
② 짝이 된 세 명 중, 두 명은 조개가 되고 한 명은 조개 속에 들어가는 진주가 된다.

③ 조개는 두 손을 맞잡고 진주를 감싼다.

④ 술래는 '진주, 조개, 리모델링' 중 한 가지를 말한다. 술래가 "조개"라고
외치면 조개는 흩어져 다른 진주를 찾아 조개를 만든다. 술래가 "진주"
라고 외치면 진주는 조개 밖으로 나와 다른 조개를 찾아간다. 술래가
"리모델링"이라고 외치면 모두가 흩어져 새로운 조개와 진주를 만든다.

⑤ 이때 술래는 재빠르게 짝이 되어 들어가고, 짝을 짓지 못하고 남은 한
명이 새로운 술래가 된다.

◎ 프로그램 진행

① 그림책『문제가 생겼어요』를 듣고 자신의 문제에 대해 생각해 본다.
　　－이보나 흐미엘레프스카 〈문제가 생겼어요〉 그림책 참고
　　"주인공이 엄마에게 혼날 줄 알았는데 전혀 새로운 발상을 해 준 엄마
　　에 의해서 문제가 전환되는 이야기예요. 동화책을 읽고 일상에서 자신
　　이 생각하는 '걱정되는 문제'는 무엇이라고 생각되나요? 자신이 '문제'
　　라고 생각되는 것을 그림으로 표현해 주세요."

② 화지에 물감으로 이미지를 표현한다.

③ ②의 제목을 짓고 자신이 문제라고 생각되는 것에 대해 이야기를 나
눈다.

④ ③의 이미지를 오려 내어 새로운 화지에 붙이고 주변을 꾸민다.

⑤ 문제가 전환되어 새롭게 구성된 작품에 대해 이야기를 나눈다.
　　• 어떻게 하면 문제를 문제로 생각하지 않을까?

⑥ 새롭게 구성된 작품을 통하여 변화된 자신의 생각을 발표한다.

유의점

• 새롭게 구성하는 작업은 자신이 고민하던 '문제'가 오히려 새로운 출발이 될
수 있다는 인식의 전환을 갖게 하는 데 목적이 있다.

• 새롭게 재구성된 이미지를 마음에 기억되게 한다.

7회기   빛과 그림자

우울한 청소년들의 자기에 대한 무가치감, 미래에 대한 무희망감, 세상에 대한 부정적인 생각 등의 역기능이 우울을 더 강화시킨다. 따라서 본 회기에서는 자신의 긍정적인 생각과 느낌, 부정적인 생각과 느낌을 이미지화하여 자신의 왜곡된 사고를 알아차리게 한다. 나아가 집단원과의 적극적 상호 소통을 통해 긍정적 정서로의 인식전환과 인지적 자기통찰을 갖게 한다.

* 준비물: 4절 켄트지, 색연필, 파스텔, 천사와 악마 그림(부록 참조), 역기능적 사고일지(부록 참조)

◎ 도입: 천사와 악마
  ① 그림에서 보이는 것을 찾는다.
  ② 밝은 색과 어두운 색 중 초점을 어디에 두는지에 따라 '천사'와 '악마'가 보이는 것에 대해 이야기한다.
  ③ 일상에서 무엇을 어떻게 인식하느냐에 따라 똑같은 상황에서 느끼는 것이 사람마다 다름을 설명한다.

◎ 프로그램 진행
  ① 도입부분에서 나누었던 천사와 악마를 떠올려 본다.
    • 자신이 기분 좋았던 기억과 기분 나빴던 기억 떠올리기
  ② 화지를 이등분한다.
  ③ 한쪽 면은 기분 좋았던 기억(긍정적인 생각과 느낌) 속의 상황을, 다른 면에는 기분 나빴던 기억(부정적인 생각과 느낌) 속의 상황을 표현한다.
  ④ 각각의 제목을 적고 자신의 작품을 소개한다.
  ⑤ 긍정적 정서부분은 잘 유지하는 방법을, 부정적 정서는 긍정적 정서로 전환하기 위하여 어떻게 해야 하는지 집단원이 이야기 나눈다.

- 행복했던 기억보다는 행복하지 않았던 기억에 선택적으로 집중하여 생각함으로써 우울해진다는 것을 알기
- 부정적인 정서에서 부정적인 생각을 찾아보기
- 객관적으로 검증되지 않은 개인의 주관적 해석은 사실과 다름을 알기
- 비합리적 신념을 합리적 신념으로 바꾸기

　　예) "나에게 재수 없다고 말하는 사람은 사실 없다. 단지 내가 그렇게 추측할 뿐이다. 혹시 나에게 그렇게 말하는 사람들이 있다면 그것은 내 문제가 아니라 그렇게 말하는 사람들의 인격의 문제일 뿐이다."

　　"프리지어 꽃을 다른 사람이 국화라고 부른다고 해서 프리지어의 본질이 국화로 바뀌지 않는 것처럼 나를 대상으로 수근거린다고 해서 나의 본질이 바뀌는 것은 아니다."

⑥ 한 주간의 과제부여: 기분이 나쁠 때마다 '역기능적 사고일지'를 기록하기

유의점
- 합리적 사고로 수정하기 위한 논박은 다음과 같이 한다.
　　-그 생각을 지지하는 증거 대기
　　-다르게 생각해 볼 수 있는 대안 찾기
　　-인지적 오류 찾기
- 만약 친구 중에 이런 생각을 하는 친구가 있으면 무엇이라고 해야 하나?

TIP 역기능적 인지도식이란?

역기능적 인지도식은 현실 적응에 도움이 되지 않는 내담자의 기본적인 생각의 틀과 그 내용을 일컫는 용어. 대표적인 것으로 흑백논리, 과잉일반화, 선택적 추론, 의미확대/의미축소, 임의적 추론, 개인화, 정서적 추론이 있다. 역기능적 인지도식은 자동적 사고를 발생시키는 역할과 함께 인지적 오류를 발생시킨다.

- 흑백논리: A 아니면 B로 해석하는 오류
- 과잉일반화: 한두 번의 사건에 근거하여 일반적인 결론을 내리고 무관한 상황에도 그 결론을 적용하는 오류
- 선택적 추론: 상황이나 사건의 주된 내용은 무시하고 특정한 일부 정보에만 주의를 기울여 전체의 의미를 해석하는 오류
- 의미확대/의미축소: 부정적인 것을 의미확대, 긍정적인 것을 의미축소
- 임의적 추론: 어떤 결론을 내리기에 충분한 근거가 없는데도 최종적인 결론을 급히 내려버리는 오류
- 개인화: 모든 것을 자신의 탓으로 돌리는 오류
- 정서적 추론: 정서적 경험에 근거해서 그 자신, 세계 또는 미래에 관해 추측하는 오류, 예를 들어 자신이 부적절하다고 느끼므로 스스로 쓸모없는 사람이라고 추론하는 것

인지삼제는?
자기와 세상 그리고 미래에 대한 한 개인의 부정적인 생각과 태도, 우울의 원인이 된다.

자동적 사고는?
어떤 사건에 당면하여 자동적으로 떠오르는 생각. 이러한 자동적 사고가 부정적인 내용일 경우 심리적 문제로 이어진다.

8회기 우리 함께 win win

그동안의 프로그램 과정은 우울과 무의식적 억압으로 인해 경직된 개인의 자원을 찾아 긍정적 에너지를 증진시키고 인식의 전환을 가져오는 데 목표를 가졌다. 본 회기는 중기 후반부 회기로서 자신의 현재 상황과 우울감에서 스스로 극복할 수 있는 내적인 힘을 갖게 하며 자존감을 회복하고 자기통합을 이룬다.

* 준비물: 8절 켄트지, 사인펜, 색연필, 파스텔

◎ 도입: 신뢰게임

① '신뢰게임'을 통하여 서로에 대한 신뢰감과 안정감을 경험한다. 우정에 대한 각자의 생각을 이야기 나누고, 매트리스에 집단원이 함께 둘러서서 한 사람을 받아 줄 수 있는 타원형을 만든다. 한 사람씩 뒤를 보지 않고 넘어지면서 집단원이 받아 주는 것을 통해 타인을 향한 신뢰를 경험하게 한다.

② 한 주간 과제로 작성해 온 '역기능적 사고 일지'로 이야기를 나누고, 계속하여 합리적 사고로 일지를 작성해 나가도록 격려한다.

◎ 프로그램 진행

① 조용한 음악을 배경으로 상상여행을 한다.

"나는 길을 걷고 있습니다. 이곳저곳 주변을 돌아보며 길을 걷고 있습니다. 그런데 갑자기 내 몸이 땅 아래로 꺼지며 웅덩이에 빠집니다. 너무나 놀랐으나 잠시 후 나는 정신을 차려 주변을 둘러봅니다. 무엇이 보이나요? 나는 그 웅덩이에서 어떤 모습으로 무엇을 하고 있을까요? …… 웅덩이에서 빠져나오려면 나는 어떤 방법을 생각하고 있을까요?"

② 상상한 내용에 대해 U자 형태의 웅덩이를 그린 후 웅덩이 속 자신과 주변풍경을 그림으로 표현한다.

③ 자신의 그림을 발표한다.

- 어쩌다가 웅덩이에 빠졌을까요?
- 길을 걸으며 무엇을 보았나요?
- 웅덩이에 빠졌을 때 어떤 기분이 들었나요?
- 웅덩이에서 빠져나오기 위해 어떤 방법을 생각해 내었나요?
- 웅덩이에서 빠져나오기 위해 어떤 노력을 했나요?
- 웅덩이에 빠지기 전의 풍경과 빠져나온 뒤의 풍경의 차이점이 있다면?

④ 프로그램 소감을 나눈다.

유의점

• 웅덩이에서 나오기 싫은 내담자가 있을 수 있다. 이러한 무기력한 내담자를
위해서는 그 마음을 공감하며 자기 스스로 천천히 대안을 찾도록 돕는다.

9회기   나의 파워

중기 마지막 회기로서 자신에 대한 긍정적 자원을 찾기 위한 작업으로 잡지
의 다양한 이미지를 이용하여 내면의 자원과 정서를 찾아 구조화하고, 인지적
통찰을 거쳐 자기통합을 돕는다.

* 준비물: 잡지, 가위, 풀, 4절 켄트지, 사인펜, 포스트잇

◎ 도입: 장점 찾아 붙이기
① 자신의 장점, 강점이라고 생각하는 것은 무엇이 있는지 생각나는 대로
포스트잇에 적는다.
② 집단원은 서로 돌려 가며 각자 속으로 읽어 본다.
③ 그중에서 자신이 가지고 싶은 장점과 강점의 포스트잇을 선택하여 자
신의 가슴에 붙이고, 친구의 장점이라고 생각하는 것은 친구에게 붙여
준다.
④ 자신의 장점과 강점을 이야기하고 친구에게 붙여 준 장점에 대해서도
그 이유를 설명한다.

◎ 프로그램 진행
① 잡지에서 다양한 이미지를 잘라서 모아 놓는다.
② ①에서 자신이 가지고 있는 내적인 힘과 외적인 힘을 상징하는 이미지
를 찾는다.

"나를 힘 나게 하는 것이 있는데 내가 갖고 있는 내적인 힘과 환경적인 것에 의한 외적인 힘이 있어요. 예를 들어, 환경적인 외적인 힘에는 '가족, 친구, 내가 좋아하는 연예인……'이라면, 내가 갖고 있는 내적인 힘은 '성실함, 따뜻함, 사교성……'이에요. 이런 것이 나의 내·외적 자원이에요. 내가 가지고 있는 내·외적 자원에는 어떤 것이 있는지 오려 놓은 이미지에서 찾아보세요."

③ 찾은 내외적 이미지들을 화지에 붙인다.
④ 제목을 적고 자신의 작품을 소개한다.
⑤ 소개 후 '나는 ~~과 ~~을 가지고 있다.'의 문장으로 글을 적는다.
⑥ ⑤를 발표한다.

유의점
• 가능하면 자신의 자원을 많이 찾을 수 있게 한다. 자신의 자원을 찾는 것에 어려움을 가진 집단원의 경우 집단원이 함께 찾아 줄 수 있다.

3) 종결기: 10~12회기

종결기 단계에서는 부정적 정서와 사고에서 긍정적 정서와 사고로 변화된 자신의 모습을 재인식하고 확인하는 단계이다. 우울감이 감소되고, 긍정적 자아상을 재정립하며, 나아가 미래를 향해 자신에 대한 새로운 욕구를 증진시키고 희망감을 갖게 하는 데 그 목표가 있다.

10회기   마음에서 싹트는 소망

이번 회기에서는 중기단계에서 긍정적 정서를 갖게 된 집단원이 우울감이 감소되고 긍정적 자아상이 정립되어 미래 희망감을 갖게 하는 데 그 목표가 있다. 따라서 자신의 본뜬 손을 통해 자아성취감을 얻고 긍정적 자아상 정립에 도움이 되게 한다.

* **준비물**: 알지네이트 가루, 석고 가루, 종이컵, 칼, 아크릴물감, 붓, 팔레트, 물통, 경쾌한 음악

◎ **도입: 나는 최면술사**
　① 2인 1조가 되어 한 명은 최면술사가 되고 다른 한 명은 최면에 걸리는 사람이 된다(경쾌한 음악).
　② 최면술사가 "레드 썬"이라는 말과 함께 손끝으로 최면에 걸리게 한다.
　③ 이때 최면에 걸리는 사람은 최면술사의 손끝을 바라보고 최면술사의 움직이는 손끝에 따라 최면에 걸린 것처럼 몸을 움직인다.
　④ 역할을 바꾸어 진행한다.

◎ **프로그램 진행**
　① 자신의 손을 바라보면서 자신의 손에 대해 생각하는 시간을 갖는다.
　　• 그동안 내 손으로 무엇을 해 왔나요?
　　• 만약 내 손이 없었다면 어땠을까요?
　　• 손등을 쓰다듬으며 그동안 수고한 나의 손에게 "고맙다"고 말하기
　② 종이컵에 물을 1/2 정도 붓고 알지네이트 가루를 물에 갠다.
　③②에 포즈 잡은 손을 넣는다.
　④ 알지네이트가 굳는 느낌이 날 때 손을 뺀다.
　⑤②와 같은 방법으로 석고가루를 물에 갠다.
　⑥④에 붓는다.
　⑦⑥이 굳으면 조심스럽게 알지네이트를 떼어 내어 석고 손 모양만 남긴다.
　⑧ 아크릴물감을 이용하여 석고 손 모양을 색칠한다.
　⑨ 손 모양을 보면서 앞으로 자신의 손으로 무엇을 하고 싶은지 A4용지에 적어 본다.

⑩ 자신이 적은 내용에 대해 이야기하고 미래 희망감을 나눈다.

유의점
• 자신의 손으로 미래 무엇을 하고 싶은지에 대해 작성할 때 가능한 한 많은 것을 찾을 수 있도록 유도한다.

TIP　알지네이트 가루란?

순간조형에서 인체부위를 복제할 때 사용하는 재료이다. 흔히 알긴산염으로 불리며, 이것을 사용해 치과에서 치아의 모형을 뜨는 것을 쉽게 볼 수 있다. 규조토(해초가 오랜 석화과정을 거쳐 조성된 매우 고운 흙)의 결합체인 천연물질이므로 인체에 무해하다. 백색과 청색 및 분홍색을 띤 종류가 있으며, 박하 향 등 여러 가지 향이 가미되어 나오고 있다.

11회기　새로운 봄을 꿈꾸며

타임캡슐 방법을 이용하여 자신과의 약속 의지, 미래목표를 재확인할 수 있도록 돕는다. 미래 자신의 일상을 담은 일기형식의 타임캡슐을 통하여 꿈과 의식을 고양하고 미래 희망감을 갖는다. 삶의 이유를 더욱 단단히 고취함으로써 새로운 꿈을 꾸게 한다.

* 준비물: 작은 유리용기, 붉은 색지, 가위, 풀, 사인펜, 편지지, 시 인쇄물, 유성매직, 파스텔, 8절 켄트지

◎ 도입: '새로운 봄'에 대해 의미 나누기
• 나에게 '새로운 봄'이란 무엇을 의미하나요?
• 상담사가 '타임캡슐'에 대해 설명하기

◎ 프로그램 진행

① 잠시 눈을 감고 미래에 자신의 꿈을 이룬 새로운 봄을 상상한다.

"15년 후 미래 나의 꿈이 이루어졌다고 생각해 보세요 …… 나는 어디에 있나요? …… 어떤 모습인가요? …… 결혼은 했나요? …… 직장은 있나요? …… 무슨 일을 하고 있나요? …… 누구와 함께 식사를 하고 있나요? …… 나는 어떻게 하루를 보내고 있나요?"

② 32절 크기의 편지지에 글을 쓴다.

- 꿈을 이룬 자신이 어디서, 어떻게, 무슨 일을 하며 하루를 보냈는지에 대해 생각하며 밤에 일기를 쓰고 있는 자신을 상상한다.

〈예시〉 "오늘은 정말 기분 좋은 날이었다. 내가 엊그제 응모한 프로젝트가 우리 회사에서 최우수 프로젝트로 선정되어 6박7일 유럽여행권이 내게 선물로 주어졌다. 연구원으로 취업이 된 지도 3~4년이 다 되어 간다. 얼마 안 있으면 ○○승진도 할 것 같다. 내 인생에서 최고의 삶을 살고 있는 것 같다. ……"

③ 자신의 글을 발표한 후, 뚜껑이 있는 작은 유리병에 일기 쓴 종이를 돌돌 말아 넣는다.

④ 병 입구를 붉은 색지로 붙여 봉인 후, 병 주변을 유성매직으로 꾸민다.

⑤ 15년 후 개봉할 타임캡슐에 대해 느낌을 나눈다.

⑥ 각자 만든 타임캡슐을 가운데 모아 놓고 서로를 지지하는 글을 포스트잇에 적어 붙여 준다.

⑦ 지금의 기분을 화지에 파스텔로 표현한다.

⑧ ⑦의 제목을 적고 발표한다.

⑨ "꿈은 이루어진다!!" 구호를 외치고 마무리한다.

유의점
- 개인별로 자신의 글을 발표하는 것이 좋다. 하지만 자신의 글을 발표하는 데 어려움을 가지는 내담자가 있을 경우 상담사의 배려와 촉진이 필요하다.

TIP   타임캡슐

타임캡슐은 청소년들의 꿈과 의식을 고양하고 자신과의 약속을 지키려는 의지를 심어 줄 수 있다. 실제로 타임캡슐 행사는 프린스턴대학에서 시작되었는데 10년 후에 캡슐을 열어 본 졸업생들의 4분의 3 이상이 실제로 자신의 꿈을 이루었다고 한다.

12회기   희망 만다라

마지막 회기로서 심리적 균형과 내적 자아강화를 돕는 만다라 작업을 통하여 자기통합과 미래 희망감을 고취시킨다. 만다라가 지닌 둥근 형태의 작업은 자신도 모르게 마음을 원만하게 해 주는 특성이 있다. 만다라가 주는 에너지의 흐름과 내적 풍요로움을 느낌으로써 심리적 균형과 내적 자아강화에 도움이 된다.

* 준비물: 캔버스(4호), 유성사인펜, 유성매직, 파스텔

◎ 도입: 움직이는 조각상
 ① 2인 1조가 되어서 한 사람은 조각가가 되고 다른 한 사람은 조각상이 되어 조각가가 조각상 역할인 사람의 신체를 움직여 자신의 미래상을 조각한다.
 ② 집단원은 조각가의 조각상을 알아맞힌다.
 ③ 조각가는 들어가고 조각을 알아맞힌 새로운 사람이 나와서 조각상이 된다.

④ 조각상 역할을 했던 사람이 이번에는 조각가가 되어 자신의 꿈을 조각한다.

⑤ 모든 집단원이 돌아가며 조각가와 조각상이 되어 알아맞힌다.

◎ 프로그램 진행

① 자기신체의 고마움에 대한 이야기를 나눈다.

② 자신의 신체일부인 발을 본다.

- 내가 이 발로 어디를 걸어 왔나요?
- 내가 이 발로 어디를 가고 싶은가요?
- 내가 이 발로 누구를 만나고 싶은가요?
- 내가 앞으로 이 발로 무엇을 하고 싶은가요?

③ 자신의 발을 캔버스 중심에 본뜬다.

④ 발 형태를 중심으로 오른쪽으로 둥글게 돌아가며 자신에게 보내는 글을 적어 나간다.

⑤ 파스텔을 이용하여 캔버스 주변을 꾸며 준다.

⑥ 제목을 정하고 자신의 작품을 소개한다.

- 새롭게 인식되는 자신과 미래 나아갈 목표에 대해 나누기

⑦ 자신의 발 제목과 함께 구호를 외친다.

- "○○○(발 제목)!! 너는 할 수 있어~, 나 ○○(자신의 이름)은 할 수 있다!!"

⑧ 프로그램 종결 소감 나누기

유의점

- 작품 제목은 긍정적이고 희망적인 내용으로 짓게 한다.

06 학교폭력 피해 청소년을 위한 집단미술치료 프로그램

청소년기는 아동기와 성인기 사이의 과도기적 시기이다. 이 시기는 신체적, 정서적, 심리적 과도기에 머물러 있으며, 아동기나 성인기 어디에도 속하지 않는 주변인으로서 아동의 의존적 특징과 성인의 독립적인 특징 모두를 지니고 있다. 급격한 변화와 성장을 화두로 가지고 있는 청소년들은 성숙한 어른으로 성장하기 위해서 다양한 교육이나 개입이 필요하다. 청소년기는 주체성을 확립하고 자아를 확장시키며 가족 중심의 사고방식에서 벗어나 자신만의 독특한 정체성을 확립해 나간다. 하지만 발달과정이 일정하지 않아 신체적, 사회적, 정서적, 지적 성장이 각기 다른 시기에 일어남으로써 퇴보를 보이기도 하고 정서적으로는 불안 정서를 보이기도 한다. 이 시기의 중요한 과업은 자신에 대한 정체성을 확립해 나가면서 신체적, 정신적 성숙을 위해 여러 가지 풍부한 경험을 하는 것이다.

청소년기의 또 다른 특징으로 또래관계를 들 수 있는데, 아동과 청소년의 복지와 발달에 친구의 역할은 매우 중요하다. 청소년의 또래관계의 성공은 이후 성년기의 삶에 중요한 역할을 미치므로 매우 중요한 요소라 할 수 있다. 청소년의 또래관계는 아동기의 또래관계와는 달리 좀 더 복잡한 양상을 보여 더욱 세심한 주의가 필요하다. 청소년의 또래집단은 마치 '거울 효과'처럼 서로 매우 크게 영향을 주고 있으며, 이러한 특성은 학교폭력의 문제 상황에서 가해자와 피해자 모두에게 속할 수 있다는 것을 의미하기도 한다.

가장 최근의 학교폭력 실태조사의 결과를 살펴보면, 초4부터 고2 재학생 360만 명을 대상으로 한 조사(2017년 2차)에서 피해 응답률은 전체 0.8%(2만 8천 명)로 나타났다. 전체 학생 중에 초등학교가 1.4%, 중학교 0.5%, 고등학교 0.4%로 나타났고, 이는 그 전해 대비 초등학교에서 0.1%가 증가, 중학교와 고등학교는 동일한 수준을 보인다. 이러한 결과는 특히 초등학교 시기에 학교폭력 발생 빈도가 좀 더 증가하고 있음을 보여 준다(교육부 학교알리미 공시자료, 2017년 2차 자료). 초등학교 고학년 시기의 학교폭력 상황은 청소년기에 들어서 더욱 다양하고 세밀한 형태로 은밀하게 이루어지기 때문에 이에 대한 예방책과 직접적이고 근본적인 접근이 필요할 것으로 보인다.

또한 학교폭력은 피해자와 가해자 모두에게 정신적이고 심리적인 문제를 일으키고, 장기적으로는 더욱 부정적이고 심각한 결과를 가져올 수 있다(Smith, 2004). 특히 학교폭력에 노출된 피해 학생들은 심리적으로 불안을 느껴 공포나 우울의 감정을 경험하며 학교에 대한 적대감으로 등교 거부나 가출, 자살 시도의 행동을 보이기도 한다(Loeber & Dishion, 1993; Olweus, 1997). 학교폭력에 노출된 피해 학생들의 경우 심리적 적응에 많은 어려움을 겪게 되는데, 공포반응, 우울, 낮은 자존감, 죽음이나 상해에 대한 걱정, 외상 후 스트레스 증후군, 분노 등을 경험하게 된다(백동현, 2007). 이는 환경에 대해 민감하게 반응하는 청소년기의 특징으로 비춰 볼 때 외상 경험에 대한 사후관리가 필요함을 의미하고 있다. 따라서 학교폭력을 경험한 청소년에게 특별한 사후관리와 함께 2차 피해가 나타나지 않도록 각별한 주의가 필요하다.

학교폭력에 노출된 학생들의 특징을 살펴보면, 대다수가 감정에 대해 억압하고 자기표현을 어려워하며 문제 상황에 대한 미온적 태도를 보이는 경우가 많다. 백동현(2007)은 학교폭력에 노출된 피해자 학생들이 자기주장을 잘하지 못하고 표현을 어려워하는 소극적이고 내성적인 성향을 가지고 있고, 불결해 보이거나 평소 거짓말을 잘하며, 개성이 강하거나 집단에 잘 속하지 못하고 착한 척하는 등의 특성을 가진다고 했다. 이렇게 피해 학생들이 지닌 심리 내·외적 문제들은 학교폭력에 재차 노출되게 하는 요인으로 볼 수 있다. 따라서 1차로 는 이들이 가지고 있는 정서적 문제나 습관을 자기인식을 통해 자신을 표현하 면서 정서를 다뤄 줄 필요가 있겠다. 그리고 2차로는 이들의 문제를 다뤄 줌과 동시에 학교폭력의 외상 경험을 충분히 치유하고 해소할 수 있는 마음 치유 프 로그램이 필요할 것이다.

한국 사회에서의 학교폭력 양상은 집단구성원 다수가 참여함으로써 구성원 전체에 의해 강화되고 유지되는 특징이 있다(곽금주, 2008). 이는 학교폭력을 예방하거나 이해하기 위해서는 개인의 치료나 예방보다는 전체적인 맥락을 통 해 접근해야 함을 말한다. 우리나라는 학교폭력의 예방과 대처를 위한 학교폭 력예방법의 개정을 시도하여 「학교폭력예방 및 대책에 관한 법률」로 보다 엄 격한 법 집행과 처벌을 규정하고 있다. 피해 학생 보호와 관련한 법률을 살펴 보면, 피해 학생의 보호조치에 대한 법률적 근거를 통해 가해 학생 즉시 출석 중지나 피해 학생 경찰동행 보호 및 피해 학생을 위한 상담 및 치유 프로그램 제공, 치료비용 지원 등이 마련되어 있다. 학교폭력 예방을 위한 다양한 처방 들이 시행되고 있는 가운데, 그중 학교폭력실태조사에서 가장 효과적인 시스 템 중의 하나가 인성교육 및 체육/예술교육 강화였다(교육부 학교알리미, www. schoolinfo.go.kr). 이러한 자료를 바탕으로 학교폭력에 노출된 학생들에게 예 술 활동이 가장 효과적인 대안 중 하나임을 알 수 있는데, 다양한 예술영역 중 하나인 미술을 매개체로 하는 미술치료는 청소년에게 긍정적인 프로그램이 될 수 있음을 알 수 있다.

학교폭력의 외상 스트레스가 있는 청소년의 경우, 장시간의 정서 돌봄과 함 께 당시의 감정이나 자기표현 등을 적극적으로 표현할 수 있도록 도와줘야 한 다. 이때 미술 매체는 청소년들에게 최소한의 거부감으로 자연스럽게 접목할 수 있으며 내면의 부정적인 감정들을 간접적으로 표현할 수 있도록 하는 훌륭 한 도구이다. 미술치료는 언어로는 표현할 수 없는 다양한 문제들을 미술이라 는 매개체를 이용하여 깊은 무의식의 탐색과 자기감정을 여러 가지 방면으로 전달함으로써 내면의 욕구와 불안을 표현할 수 있다.

　따라서 미술치료를 접목한 프로그램은 학교폭력 피해자 학생들의 내면의 불안과 우울감을 비언어적인 도구인 미술 매체를 통해 직접 표현할 수 있도록 한다. 미술치료는 청소년기 학생들이 어려움 없이 자신을 드러내고 나아가 긍정적인 자아상을 발견할 수 있도록 할 것이다.

학교폭력 피해 청소년을 위한 집단미술치료 프로그램

1. 주목표

미성숙한 자의식과 자기표현에 어려움을 가진 학교폭력 피해 학생들의 자아탐색과 감정표현을 도와 자아개념을 확립하고, 또래집단 간 적극적 상호소통을 통해 건강한 자아 성장을 돕는다.

2. 단계별 목표

단계	회기	목표
초기	1~3	흥미 유발과 자기탐색의 집단원 간의 친밀감 형성
중기 1	4~6	억압된 내면의 자아탐색 및 자기인식과 감정인식
중기 2	7~9	부정적 감정표출 및 능동적 자아발견
중기 3	10~12	긍정적 자아상 형성 및 자아개념 확립
종결기	13~15	건강한 자아 성장 및 희망과 목표 설정

3. 프로그램 구성

- 회기: 총 15회기, 회당 70~90분
- 대상 및 적용: 청소년, 8인 이내

4. 프로그램 세부내용

회기	단계	주제	활동내용
1	초기	첫인상을 맞춰라!	• 프로그램 소개 및 규칙 • 첫인상 카드게임을 통한 친밀감 형성 • 초기 라포형성 및 동기부여
2		나는?	• 아이엠 그라운드, 시장에 가면 • 나를 표현하는 상징을 통해 나와 상대방을 이해하고 서로를 알아감 • 자기개방을 통한 이해
3		나의 마음, 우리 마음	• 누가 누가 잘 뒤집을까 • 뽑기를 통해 상대방의 마음을 알아차림 • 집단원과의 친밀감 형성 및 개방
4	중기 1	또 다른 나	• 감정 차트 • 나의 여러 가지 모습을 관찰하고 외면과 내면을 통찰하기 • 자아탐색을 통한 자기인식
5		내 안의 이것은?	• 스트레스 점검 • 명상을 통해 스트레스를 그림으로 표현하고 해소하기 • 자아탐색을 통한 자기표현
6		나의 분노 덩어리	• 풍선 날리기 • 분노를 표현하는 적극적인 방법을 모색하고, 화 덩어리를 찰흙으로 만들어 분노 덩어리를 표출시키기 • 자기인식과 부정적 감정인식
7	중기 2	날려 버린 스트레스	• 분노의 공 옮기기 • 스트레스 덩어리를 단어로 찾아 천으로 이용해 표현하고 퍼포먼스를 통해 해소하기 • 부정적 감정표출 및 능동적 자아발견
8		You & I	• 온몸으로 표현하는 단어 • 짝꿍과 한 팀이 되어 전신화 그린 후 친해지고 싶은 친구 곁으로 붙여 느낌을 나누고 감상 시간 갖기 • 적극적 상호작용을 통한 자아인식 및 자아개념 형성
9		걱정은 내게 맡겨~	• 과테말라 걱정 인형 이야기 • 다양한 재료를 이용해 자신만의 개성 있는 걱정 인형 만들기 • 불안감 감소와 심리적 안정

10	중기 3	나의 꿈 안에서	• 드림캐처 나누기 • 평소 자주 꾸는 나쁜 꿈 이야기를 나누고, 각자 개성 있고 염원하는 마음을 담아 드림캐처 제작하기 • 긍정적 자아상 형성
11		명화 자화상	• 명화작품 소개 • 명화를 이용해 자화상을 새롭게 구성하여 나만의 특별한 자화상 만들기 • 긍정적 자아상 형성
12		나만의 비밀엽서	• 명언과 문구 소개 • 여러 가지 글씨체를 습득하여 캘리그래피 글씨와 그림을 첨가하여 자신만의 엽서 제작 • 긍정적 자아개념 확립
13	종결기	희망 up!	• 애니메이션 'up' 감상 • 캔버스에 '희망' 그리기 작업을 통해 미래희망감 갖기 • 긍정적 메시지를 통한 자기수용
14		우리가 준 선물	• 칭찬게임 • '선물'이라는 주제로 긍정적인 그림 그리기 • 건강한 나, 희망찬 나
15		종결식과 다짐 파티	• 회기 정리 • 마음을 모아 새로운 나를 다짐하며 인증서를 만들어 사진과 함께 인증식 진행 • 미래에 대한 다짐과 희망

1) 초기: 1~3회기

초기단계는 집단원과 상담사 간의 충분한 친밀감을 형성하고 안전함을 느끼는 시기로 주로 편안한 분위기에서 가까워질 수 있는 게임과 서로를 알아가는 프로그램으로 구성된다. 특히 학교폭력에 노출된 청소년들은 자기개방을 힘들어하므로 초기에는 활동지를 이용해 부담감을 느끼지 않는 흥미로운 작업으로 자기내면을 탐색하고 자기개방을 어렵지 않게 돕는다.

1회기   첫인상을 맞춰라!

첫 회기에는 프로그램에 대한 충분한 안내와 집단원이 지켜야 할 사항과 규칙에 대한 이야기를 나눈다. 서로 규칙을 제시해 함께 만들 수도 있으며 집단상담 시 공감과 배려할 수 있는 마음가짐에 대해 배운다. 친밀감을 형성하기 위한 가벼운 게임을 진행한다.

* 준비물: 필기도구, 사인펜, 색연필, 다양한 스티커, 8절 켄트지, 풀, 가위, 첫인상 형용사(부록 참조, 개인당 전체 집단원 수만큼 준비)

◎ 도입: 소개와 규칙 정하기

15회기 동안 진행할 프로그램에 대한 규칙을 집단원이 함께 정해 본다. 규칙을 함께 정한 후에 8절 켄트지 위에 적어 잘 보이는 곳에 붙인다.

◎ 프로그램 진행

① 집단원 수만큼의 인쇄물을 개인별로 나눠 준다.
② 집단구성원 한 명씩을 돌아보며 그 대상자에 어울리는 형용사를 오려서 나누어 준다.
③ 집단원들이 오려서 준 단어들을 이용해서 화지에 스토리텔링을 하고, 화지를 뒤집어서 그것을 그림으로 표현한다.
④ 집단원이 오려 준 형용사들을 보고 8절 켄트지에 자신의 소개 글을 적는다.
⑤ 자신의 그림과 글을 발표하며 이야기를 나눈다.
⑥ 프로그램에 대한 소감을 나눈다.

2회기   나는?

집단원과의 어색한 분위기를 도입 활동을 통해 편안하고 친밀한 분위기로 형성하며, 안전한 공간에서 타인과의 상호소통을 통한 자기탐색이 이루어지게 한다.

* 준비물: 4절 켄트지, 크레파스, 사인펜, 색연필, 색종이

도입

친밀한 분위기를 만들기 위해서 집단 게임을 실시한다. 집단원과 '시장에 가면', '아이엠 그라운드' 게임 등을 통해 즐겁고 편안한 분위기를 만든다.

◎ 프로그램 진행

① "만약 내가 ○○라면?"에 대해 생각해 보고 그림으로 표현한다. (예: 들꽃, 호랑이, 자동차 등)

② 1:1 짝을 지어 ①에 대해 소개하고 나눈다.

- '네가 ○○라면' 무엇을 어떻게 하고 싶은가?
- 그림으로 그려진 상징이 친구의 이미지와 어떻게 어울리고, 어울리지 않는가?
- 어울리지 않는다면 어떤 상징이 친구의 이미지와 더 어울릴까?

③ ②의 내용으로 전체 집단원에게 자신의 짝꿍을 소개한다.

④ 활동에 대한 소감을 나눈다.

3회기   나의 마음, 우리 마음

적극적 자기개방을 통해 타인에 대해 관심을 가질 수 있도록 한다. 가벼운 게임을 통해 친밀감을 형성하고 즐거운 활동으로 평소 자기표현이 미약한 학

교폭력 피해 학생들이 편안하게 프로그램에 집중할 수 있도록 한다.

* 준비물: 두 가지 색의 종이(20장씩), 뽑기 통, 쪽지, 8절 켄트지, 색연필, 사인펜, 신나는 음악

◎ 도입: 누가 누가 많이 뒤집을까?
신나는 음악과 함께 두 그룹으로 나누어 색(2가지 색) 뒤집기 게임을 진행한다. 더 많이 뒤집는 쪽이 승리한다.

◎ 프로그램 진행
① 집단원들에게 물어보고 싶은 질문을 각자 세 장의 쪽지에 각각 1가지씩 적는다.
② 쪽지를 뽑기 통에 모두 넣은 후, 돌아가며 각자 1장씩 쪽지를 뽑아 바로 질문에 대한 답을 말한다(총 2회 돌아가며 진행한다).
③ 집단원을 두 팀으로 나눈다.
④ 상담사는 집단원의 반복된 질문이나 주된 관심이 되는 주제를 2개 선정하여 각 팀 조장에게만 미션을 알려 준다.
⑤ 팀원은 미션 주제를 모른 채, 각 팀 조장이 먼저 아이클레이를 이용하여 미션 주제를 표현하다가 상담사의 지시에 따라 다음 사람에게 넘긴다.
⑥ 마지막 팀원이 미션 작품을 완성시키면 상대방 팀원들이 무엇인지를 맞힌다.
⑦ 돌아가며 활동 소감을 나눈다.

유의점
• 아이클레이로 만들기 활동을 할 때에는 묵언으로 진행한다.

2) 중기 I: 4~6회기

중기 1단계에서는 학교폭력 피해 학생들의 특성인 부족한 자아개념, 부정적
자아상, 감정표현의 미성숙함을 다룬다. 이러한 내면의 자아를 탐색하여 자기
인식을 돕고 부정적이고 미성숙한 자기표현과 감정표현을 돕는다.

4회기   또 다른 나

미성숙하고 부정적인 자아상으로 자아개념이 부족한 학교폭력 피해 학생들
의 구체적 자아 탐색의 기회를 제공한다. 내면의 양가감정과 부정적 자기감정
등을 적극적으로 탐색하고 인식하게 한다.

* **준비물:** 감정 카드(부록 참조), 4절 켄트지, 색연필, 사인펜

◎ **도입: 감정찾기**
  ① 감정 카드를 읽고, 일주일 동안의 나의 주된 감정들을 찾는다.
  ② 자신의 주된 감정들을 집단원에게 발표한다.

◎ **프로그램 진행**
  ① 화지를 반으로 접는다.
  ② 화지 중앙선에 머리끝과 얼굴 턱 위치로 표시해 준다.
  ③ 화지 한쪽 면에 '내가 생각하는 나'를 그리고 색으로 칠한다.
  ④ 반대 면에는 '남이 생각하는 나'를 그리고 색으로 칠한다.
  ⑤ 화지를 펼치고 각각 표정에서 느껴지는 형용사 3가지 정도를 적는다.
  ⑥ 3가지 형용사를 이용하여 스토리텔링한다.
  ⑦ 자신의 그림과 글을 발표한다.

5회기   내 안의 이것은?

　자기표현이 미약한 청소년들에게 내면의 불안과 스트레스를 인식하게 하여 자가 점검을 해 보는 시간을 가진다. 구체적으로 자기를 표현하고 부정적 감정을 표출하여 자기인식과 자기표현을 돕는다.

　* 준비물: 8절 켄트지(개인당 2장씩), 사인펜, 색연필, 크레파스, 풍선, 유성매직

◎ **도입: 스트레스 자가 척도**[*]
　집단원에게 평소 인지하지 못한 일상 스트레스를 측정하도록 하고 개개인의 스트레스 정도를 파악한다.

◎ **프로그램 진행**
　① 명상을 통해 마음 근육을 이완하는 작업을 천천히 진행한다.
　　"눈을 감고 천천히 호흡합니다. 코로 깊게 숨을 들이마시고 천천히 입으로 내쉽니다. 지금 나는 스트레스 상황을 떠올려 볼 것입니다. 최근 나를 화나게 했던 일을 떠올려 보세요 …… 누구에 의해 힘들었나요? 부모님인가요? 친구인가요? 선생님인가요? …… 어떤 감정이 올라오나요? 잠시 그 장면에 머무릅니다 …… 하나, 둘, 셋…… 자, 이제 눈을 떠 현실로 돌아옵니다."
　② 떠올랐던 스트레스 상황을 화지에 그림으로 표현한다.
　③ 화지 빈 곳에 자신의 스트레스 지수를 온도계 모양으로 표시한다.
　④ 자신의 스트레스에 이름을 붙인다.
　⑤ 자신의 그림과 스트레스 지수를 집단원에게 소개하고 짝과 함께 그림을 바꾼다.

---

* 청소년사이버상담센터에서 제공하는 '스트레스 경험검사'로 스트레스 정도를 파악할 수 있다.
　https://www.cyber1388.kr:447/new_/counsel2_/CatExpl/FreeTestExam_ST.asp?examMode=

⑥ 짝의 그림에 힘이 되는 글이나 그림을 추가하여 그려 준다.

⑦ 자신의 작품을 집단원에게 소개한다.

⑧ 소감을 나누고 마무리한다.

6회기 나의 분노 덩어리

5회기에 이어 자기감정을 좀 더 구체적으로 표현하면서 내면의 불안과 분노를 인식한다. 비정형 매체인 점토를 이용해 자신의 분노를 상징물로 표현하여 직접적인 감정을 투사시키고 내면의 부정적 감정을 인식하도록 돕는다.

* 준비물: 풍선, 점토, 점토도구, 우드록, 물티슈

◎ 도입: 마음의 풍선 날리기

"자, 여러분 앞에 풍선이 있습니다. 각자 원하는 색의 풍선을 하나씩 집어 봅니다. 그리고 눈을 감고 천천히 호흡을 가다듬어 봅니다. 마음속에 나를 혼란스럽게 하는 대상을 떠올려 봅니다. 그리고 불지 않은 풍선에 나를 혼란스럽게 만드는 대상을 새기세요. 천천히 풍선에 바람을 넣어 보세요. 여러분이 혼란스러운 만큼 불어 보세요. 자, 다 불었나요? 이제 나를 힘들게 하는 대상을 멀리 허공으로 날려 보내는 상상을 해 보세요. 그리고 풍선을 손에서 떼고 날려 봅니다. 하나, 둘, 셋! 이제 내 마음의 평온을 찾아 봅니다."

◎ 프로그램 진행

① 점토를 우드록 판 위에서 충분히 탐색한다(밀기, 누르기, 치기, 굴리기, 말기, 뜯기, 찌르기, 자르기 등).

② 점토로 떠오르는 화나 분노 덩어리를 상징물로 만들어 본다.

③ 작품에 제목을 정하고 소개한다.

④ 소감을 나눈다.

- 점토를 만질 때의 기분이 어땠나요?
- 나의 분노 덩어리가 충분히 표현됐나요?
- 분노 덩어리를 보고 든 생각은 무엇인가요?
- 나의 분노 덩어리를 어떻게 하고 싶나요?

유의점
- 발표 후 소감 나누기 전, 자신의 분노 덩어리를 뭉개 버리거나 일정한 장소에 던지는 활동을 해도 좋다.

2) 중기 2: 7~9회기

전 단계에서 탐색된 자아인식과 부정적인 자기감정을 인식했다면, 중기 2단계에서는 구체적인 감정에 대해 깊이 탐색하고 표출하면서 정서적 안정을 얻고 능동적인 자아를 발견하는 시기이다. 학교폭력에 노출되어 외상 경험이 있는 피해 학생들은 자기감정의 수용이나 타인과의 소통을 어려워하므로 집단 간 상호작용을 통하여 능률적 자아를 발견하는 데 도움을 준다.

7회기　날려 버린 스트레스

학교폭력에 노출된 피해자 청소년들은 평소 자신의 감정이나 의견을 표현하기 어려워하므로 집단 프로그램 활동 과정에서 자신의 감정을 표현하면서 안전한 공간에서 이해받고 지지받고 있다는 것을 인식하게 된다. 따라서 본 회기를 통해 자신의 억압된 감정과 스트레스를 표출하고 자신의 생각을 원만하게 표현하게 한다.

* **준비물:** 색깔 천(빨강, 주황, 노랑, 파랑, 검정, 하양), 감정 단어(부록 참조), 8절 켄트지, 사인펜, 색연필, 크레파스, 탱탱볼

◎ 도입: 분노의 공 옮기기

화가 났던 순간을 떠올리며 '분노의 공'을 들고 10초간 자신의 경험을 이야기한다. 이때 5초 안에 말하지 않으면 공이 터진다는 설정을 전제한다.

◎ 프로그램 진행

① 인쇄하여 준비된 감정 단어 중에서 자신의 스트레스와 관련된 단어들을 4~5개 고른다.

② ①의 단어들로 스토리텔링을 하고, 스토리 느낌을 화지에 색으로 표현한다.

③ 스토리텔링 내용과 표현한 색을 집단원에게 발표한다.

④ 자신의 스토리텔링 내용과 유사한 색의 천을 고른다.

⑤ 천을 두 손으로 돌돌 말아 스트레스를 외치며 던지는 활동을 한다(충분히 스트레스를 풀어낼 수 있도록 수회 반복).

⑥ 스트레스 덩어리를 어떻게 하고 싶은지에 대해 이야기하고 ⑤의 천을 풀어서 허공으로 날려 버리는 퍼포먼스를 한다.

⑦ 소감을 나누고 마무리한다.

· 스트레스를 던질 때의 내 기분은?

· 스트레스를 풀어 날릴 때의 기분은?

· 스트레스를 푸는 나만의 방법이 있나요?

8회기   You & I

억압된 부정적 자아상을 인식하고 표현하여 안정감을 얻어 가는 과정을 통해 자신에 대한 가치와 자아개념을 형성한다. 전신상 표현을 통해 얻어지는 긍정적 자기상과 자아성취감은 자기인식 수준을 높이고 자아개념을 향상시키며 집단원 간 적극적 상호소통의 계기를 갖게 한다.

* 준비물: 전지, 물감, 크레파스, 사인펜. 물통, 붓, 꾸미기 재료, 카메라 혹은 휴대폰 카메라, 단어판(미리 준비)

◎ 도입: 온몸으로 표현해요

둘씩 짝을 지어 단어판을 한 명이 들고 다른 한 명은 몸으로만 설명하여 맞추기 활동을 한다. (단어판 예시: 축구, 비, 나무, 달팽이, 오리, 씨름, 피아노 등)

◎ 프로그램 진행

① 1:1로 짝을 지어 미리 준비해 놓은 전지에 번갈아 누워 신체 윤곽선을 그려 준다.

② 각자 자신의 신체를 개성 있게 표현하고 색칠한다.

③ '○○한 나'로 제목을 짓고 완성된 그림을 가위로 오린다.

④ ③을 투명테이프나 압정으로 벽에 붙인다.

⑤ 자신의 신체작품을 제목과 함께 발표한다.

⑥ 프로그램 소감 나누기

• 친구의 모습이 내 옆에 와서 붙여졌을 때 기분이 어땠나요?

• 친구가 나의 신체를 본떠 줄 때 어떤 기분이 들었나요?

• 친구와 가장 해 보고 싶은 것은 무엇인가요?

⑦ 친구들과 함께 신체화 앞에서 사진촬영 시간을 갖는다.

유의점

• 신체화가 그려질 종이는 미리 전지 한 장 반을 준비하여 투명테이프로 붙여 놓는다.

• 집단원이 다양한 포즈로 신체를 본뜰 수 있도록 촉진한다.

9회기 **걱정은 내게 맡겨~**

자기탐색 후반기 단계로 자신에 대한 불안의 요인을 찾아 자기표현과 감정 표출을 돕고 심리적 안정감을 형성하도록 한다. 인형 작업을 통해 자기 감정표현에 미숙한 청소년들의 자아개념 형성을 돕고 창작의 카타르시스를 경험하게 한다.

* **준비물**: 과테말라 걱정인형 이야기, 다양한 색 털실, 폼폼이, 나무 스틱(설압자), 이쑤시개나 성냥개비, 유성사인펜, 작은 천, 포스트잇이나 작은 쪽지

◎ **도입: 과테말라 걱정인형 이야기**

"우리 친구들은 잠들기 전, 다가올 일에 대한 걱정이나 고민으로 잠 못 들었던 적이 있나요? 그럴 때 걱정을 대신 해 주고 편안하게 잠이 들 수 있게 해 주는 인형이 있다면 어떨까요? 자, 지금부터 과테말라에서 온 걱정인형에 대해 재밌는 이야기를 들려줄게요. 그리고 오늘 만들 걱정인형을 베게 밑에 넣고 잠들면 인형이 걱정을 대신 해 줄 거예요."

◎ **프로그램 진행**

① 나무 스틱(설압자) 끝에 유성사인펜으로 얼굴 표정을 그린다.

② 머리는 원하는 색 폼폼이로 붙이고, 손끝으로 폼폼이를 뜯어 풍성한 머리가 연출되게 한다.

③ 팔과 다리는 이쑤시개로 붙이고 털실로 감는다.

④ 그 외 꾸미기 재료를 이용해 개성 있게 연출한다.

⑤ 조각천으로 인형 크기의 주머니를 만든다(상담사가 미리 준비해도 좋다).

⑥ 포스트잇에 자신의 가장 큰 걱정거리를 적는다.

⑦ "걱정인형아! 내 걱정을 대신 해 줘!"라는 멘트와 함께 주머니에 포스트잇 메모지와 인형을 같이 넣는다.

⑧ 프로그램 소감을 나눈다.

- 나만의 걱정이 있나요?
- 걱정을 누군가와 나눈 경험이 있나요?
- 걱정인형을 만들면서 기분이 어땠나요?
- 걱정인형을 만들어 주머니에 넣으니 기분이 어떤가요?

3) 중기 3: 10~12회기

중기 마지막 단계로서 자기 이해를 바탕으로 내면을 단단하게 하여 긍정적 자아상을 형성하고 자아개념을 확립해 나가는 시기이다. 성취감이 높은 활동을 통해 긍정적 자아상을 위한 자존감을 높이고 자신을 사랑하는 방법을 알아간다. 또한 집단원 간의 긍정적인 피드백을 통해 상호지지를 경험한다.

10회기　나의 꿈 안에서

인디언들의 전통 의식에서 배우는 안정과 자신에 대한 긍정적인 암시를 의미하는 드림캐처 만들기를 통해 단단해지는 자신을 응원하고 안정감을 형성한다. 드림캐처의 높은 완성도로 자존감을 높이고 긍정적 자아상을 형성한다.

＊ **준비물:** 공예용 철사, 마끈, 다양한 색 털실, 깃털 장식, 다양한 형태나 크기의 돌멩이, 인조보석, 조개류, 글루건

◎ **도입: 인디언 부족의 '드림캐처 이야기'**

"여러분은 나쁜 악몽을 꾸거나 잠을 뒤척인 적이 있나요? 옛날 아메리카 인디언들은 나쁜 꿈을 걸러 주는 드림캐처를 통해 편안히 잠을 청했다고 해요. 지니고 있으면 악몽을 잡아 주어 좋은 꿈을 꾼다고 하네요."

◎ 프로그램 진행

① 최근에 꾼 꿈 중에서 기분이 좋지 않았거나 기억에 남는 꿈에 대해 생각해 본다.

② ①에 대해서 집단원과 이야기를 나누는 시간을 갖는다.

③ 공예용 철사로 동그란 모양 틀을 만든다.

④ ③에 만다라의 다양한 형태를 참고하여 각자 개성 있게 마끈으로 감는다.

⑤ ④의 가운데 곳곳에 조개껍질, 보석 등으로 꾸민다.

⑥ 원형작품 아랫부분에 마끈을 이용하여 깃털장식을 이어 준다.

⑦ 상단에 걸 수 있는 고리를 만든다.

⑧ 완성 후에 제목을 짓고 자신의 작품을 소개한다.

TIP 드림캐처

드림캐처는 아메리카 인디언이 만든 일종의 부적이다. 고리를 기본으로 한 수제 장식으로 거미집 모양의 성긴 그물이 내장된 깃털과 구슬 등 독특한 신성한 소품으로 장식되어 있다. 전통적으로 버드나무로 만들어진다. 지니고 있으면 악몽을 잡아 주어 좋은 꿈을 꾼다고 한다.

출처: 위키피디아

11회기 명화 자화상

명화를 통해 자신을 개성 있게 표현함으로써 예술적 승화와 카타르시스를 경험하고 자아개념을 확립시킨다. 이를 통한 집단원 간의 긍정적인 상호소통은 자신에 대한 이해와 통찰을 가져와 좀 더 성숙되고 긍정적인 자아상을 형성한다.

* 준비물: 복사된 명화 자화상 그림(집단원 수만큼)(부록 참조), 캔버스(5호), 아크릴물감, 붓, 물통, 팔레트, 꾸미기 재료, 자화상 명화(PPT)

◎ 도입: 명화를 PPT로 감상하기

'자화상' 명화를 PPT 자료로 감상한다. (작가 예: 빈센트 반 고흐, 에드바르트 뭉크, 레오나르도 다 빈치, 프리다 칼로, 에두아르 마네, 요하네스 페르메이르, 에곤 실레 등)

◎ 프로그램 진행

① 다양한 자화상 명화 중 가장 자신의 마음에 드는 명화 자화상을 한 장 선택한다.

② 선택한 명화 자화상을 캔버스에 오려 붙이고 채색하고 배경을 꾸며 준다.

③ 전시와 감상의 시간을 가지며 자신의 자화상을 제목과 함께 소개한다.

④ 프로그램에 대한 소감을 나눈다.

- 자신이 선택한 자화상의 어떤 부분이 마음에 들었나요?
- 나와 닮은 점이 있다면 어떤 부분인가요?
- 원본과 내 작품의 다른 점은 무엇일까요?

유의점

- PPT를 볼 수 없는 환경인 경우에는 상담사가 미리 뽑아 놓은 인쇄물을 가지고 해도 무방하다.

12회기   나만의 비밀엽서

중기의 마지막 회기로 자신을 충분히 표현하고 드러냄으로써 정리된 감정이 캘리그라피 작업으로 다시 한번 자신을 향한 응원의 소리가 되게 한다. 캘리그라피는 최근 다양한 스트레스에 노출된 현대인들의 치유 취미활동으로 많이 소개되고 있어, 예민하고 스트레스가 높은 청소년에게 긍정적 자아 메시지와 함께 긍정적 자아개념을 확립하게 한다.

* **준비물:** 흰색 머메이드지(긴 32절 크기), 지퍼백, 붓펜, 얇은 붓, 마커, 수채화 물감, 연습 종이, 명언과 문구, 드라이기, 다양한 캘리그래피 작품

◎ **도입: 내 인생의 명언**

준비된 명언과 문구를 상담사가 읽어 준다.

◎ **프로그램 진행**

① 다양한 캘리그래피 작품을 감상하는 시간을 갖는다.
② 제시된 다양한 명언이나 문구를 고르거나, 자신에게 힘이 되는 문구를 직접 짓게 한다.
③ 연습 종이에 자신만의 개성 있는 글씨체로 연습한다.
④ 지퍼백 위에 여러 색의 물감을 골라 바르고 머메이드지 위에 그대로 문지른다.
⑤ ④가 마르면 그 위에 붓펜을 이용해 원하는 문구를 쓴다.
⑥ 완성된 작품을 진열하여 감상하는 시간을 갖는다.
⑦ 자신의 작품을 소개한다.

유의점

• 젖은 화지를 시간 내에 말리기 위해 드라이기를 사용한다.
• 머메이드지는 다양한 크기와 모양으로 여러 장 준비한다.
• 개인별로 여러 장의 작품을 제작한다.
• 가장 마음에 드는 작품을 액자에 넣어 완성도를 높여도 좋다.

3) 종결기: 13~15회기

프로그램을 마무리하는 단계로 중기에서 해소된 감정과 성숙된 자아 인식으로 집단원과의 상호작용 속에서 건강한 자기암시와 타인을 향한 신뢰를 경험한다. 따뜻한 상호지지의 경험은 치유를 필요로 하는 청소년들에게 자신감을 주고 자존감을 형성하여 건강한 자아 성장을 이루며 희망과 목표를 설계하게 한다.

13회기 희망 up!

종결과 마무리 단계로, 흥미로운 영화감상을 통해 자신의 꿈과 희망을 설계한다. 그동안 함께하며 지지와 격려를 보내 준 집단 구성원들의 고마움과 추억을 나누고 되새기며 자기 수용의 과정을 돕는 프로그램으로 마무리한다.

* 준비물: 영화 〈up〉 일부 장면, 캔버스(5호), 아크릴물감, 붓, 팔레트, 유성사인펜, 다양한 색 폼폼이, 폴라로이드나 스마트폰 포토프린터

◎ 도입: 영화 〈up〉 감상
  미리 편집해 둔 애니메이션 〈up〉을 감상한다.

◎ 프로그램 진행
  ① 영화감상을 통해서 희망이라는 메시지에 대해 잠시 생각해 본다.
  ② 희망의 메시지가 되는 풍선을 매달고 여행하는 주제로 캔버스에 그림을 그린다.
  ③ 풍선은 다양한 색의 폼폼이로 표현한다.
  ④ 유성사인펜으로 이루고 싶은 자신의 꿈을 캔버스에 적는다.
  ⑤ 작품의 제목을 짓고 발표한다.
  ⑥ 집단원과 함께 자신의 작품을 들고 '내 인생의 up!'이라고 외치며 인증

샷을 찍는다.
⑦ 사진을 출력하여 작품에 붙여 준다.

14회기 우리가 준 선물

건강한 자아상을 확립하고 향상된 자존감을 통해 성숙된 자아를 다시 한번
경험하고 확인하는 시간이다. 집단원의 긍정적인 지지와 함께 자신을 향한 믿
음으로 희망적인 목표를 설계할 수 있게 한다.

* 준비물: 4절 켄트지, 색연필, 사인펜, 크레파스, A4용지, 편지지

◎ 도입: 칭찬의 말
한 사람을 지목해 다른 집단원이 돌아가며 칭찬의 말을 한마디씩 한다. 칭
찬을 할 때는 '○○야, 너는 ~~해서 좋아. 그래서 좋아!'라는 마지막 말을
붙인다.

〈예시〉 지수야, 너는 참 성실해서 좋아. 그래서 좋아!

◎ 프로그램 진행
① 집단 인원수만큼 화지를 나눈다.
② 화지에 '선물'을 주제로 집단원과 돌려 가며 그림을 그린다.
"여러분, 살면서 여러분이 가장 받고 싶은 선물이 있나요? 선물은 어떤
것이든 좋아요. 지금 자신에게 주고 싶은 선물을 떠올려 보세요. 그것
을 지금 이 친구에게 그림으로 그려 선물해 볼까요?"(집단원이 돌아가며
그려 준다.)
③ 집단원이 그려 주고 돌아온 자신의 화지에 남은 마지막 한 칸에는 자신
이 받고 싶은 선물을 그리고 마무리한다.
④ 완성된 그림을 감상하고, 10년 후 자신에게 보내는 편지를 써 본다.

⑤ 편지를 돌아가며 낭독해 본다.

⑥ 프로그램에 대한 소감을 나눈다.

15회기 종결식과 다짐 파티

프로그램을 마지막으로 종결하는 회기이다. 그동안의 활동과정을 영상으로 되돌아보며 변화된 자신의 모습을 확인하며 정리를 하고 또한 새로운 출발을 응원하며 다짐을 한다.

* **준비물**: 세션 활동사진으로 제작한 PPT자료, 가벼운 다과, 머메이드지 (16절), 인증서와 선서문 양식(부록 참조), 개인사진 1장, 색연필, 사인펜, 보상물(가벼운 소품이나 학용품 정도)

◎ **도입: 세션 활동사진으로 제작한 PPT 영상 감상**

◎ **프로그램 진행**

① 회기 활동 영상 감상 후 느낀 점에 대해 이야기를 나눈다.

- 가장 힘들었던 회기는?
- 가장 좋았던 회기는?
- 다시 하고 싶은 활동은?

② 자신에게 줄 인증서(머메이드지)와 개인사진을 보기 좋게 오려 준비한다.

③ 인증서 상단에 개인사진을 붙인다.

④ 완성 후 자신의 인증서를 발표한다.

⑤ 상담사는 인증서와 함께 보상물을 수여한다.

⑥ 한 명씩 돌아가며 준비된 선서문을 읽는다.

⑦ 인증서를 들고 단체 사진을 찍는다.

⑧ 가벼운 다과를 먹으며 지지와 격려를 나눈다.

유의점

- PPT 영상을 볼 수 없는 환경에서는 그동안 만들었던 작품을 한쪽에 모아 전시를 해도 좋다.
- 개인사진은 상담사가 미리 찍어 출력해 놓는다.

07 청소년의 자아개념 확립을 위한
집단미술치료 프로그램

심리학에서 최초로 자아개념을 논의한 사람은 Freud
이다. 이후 자아의 개념에 대하여 관심을 가진 학
자는 James(1890)로서 『심리학의 원리(The Principles of Psychology)』 중 자아의
의식세계라는 장을 통하여 처음으로 자아개념을 언급했다. 그는 자연과 같은
물리적인 현상에 대하여 관찰하다가 비물리적 현상에 대한 질문들을 제기하였
다. 이것이 영혼, 마음, 정신이란 말로 표현되고 영혼의 개념을 확대 · 개발시
킨 계기가 되었다.

James는 자아개념을 의식경험의 대상으로 보고, 자아개념의 모든 측면은 삶
의 의미를 고양시키거나 혹은 감소시키는 느낌의 촉매역할을 한다고 보았다.
또한 자아존중감을 고양시키거나 낮추는 느낌을 일으킬 수도 있다고 여겼다.
분명히 James는 문화적인 의미뿐만 아니라 자아개념을 통하여 존재하는 감정
을 중시한 것이라 할 수 있다. 자아개념을 이렇게 파악하기 시작한 James의 가
장 큰 공적은 지금까지는 형이상학적인 개념으로만 취급되어 오던 자아개념을
경험적인 차원으로 보았다는 데에 있다.

Cooley(1902)는 자아개념을 '나 · 나를 · 나의 · 나의 것' 그리고 '나 자신의' 같은 일인칭 단수대명사 형태로 보았다. 그는 한 개인에 의하여 자아로 명명된 것은 비자아로 명명된 것보다 더 강한 느낌을 형성하여 자아가 동일시될 수 있는 주관적인 느낌을 통해서만이 존재한다는 것을 주장한다. 그는 타인이 그를 지각하는 방법으로 그 자신을 지각한다는 면경자아개념(looking glass self concept)을 소개했다. 이는 사회적 자아개념으로서 자아개념이 타인의 마음속에 있다고 생각되는 자신의 상에 의해 결정되는 것을 의미한다. 이 이론은 한 개인이 중요하다고 느끼는 사람들이 자신에 대해 내리는 판단에 대해서는 공감적으로 받아들이는 경향이 있다는 것을 바탕으로 형성된다.

Cooley의 반사적 자아이론을 확장시킨 Mead(1934)는 자아개념은 타인이 그에게 어떻게 반응하느냐에 대한 개인적 관념의 산물인 사회적 상호과정에서 결정된다고 보았다. Mead에 따르면 사회적 역할만큼 많은 자아가 있다는 것이다. 그 역할의 어떤 것은 개인을 위하여 비교적 넓고 중요한 반면, 어떤 것은 특별한 상황에만 필요한 것으로 덜 중요하다. 사람은 자신에 대한 의식 없이 태어나기 때문에 초기에는 타인만을 대상으로 반응하게 된다. 따라서 자아개념이란 타인이 자기에게 어떻게 반응하느냐에 관한 관심이 커지는 것으로써 사회적인 상호작용에 의해 생기는 것이다.

Cooley나 Mead와 마찬가지로 Sullivan(1953)에게 있어서도 자아개념은 사회적 상호작용으로부터 형성된다. 그러나 Cooley와 Mead와는 다르게 Sullivan은 중요타인, 특히 어머니와 아동의 상호작용을 강조했다.

Lecky(1945)는 자아개념을 인성의 핵심부분으로 보면서 인성의 가치조직으로 정의한다. 인성의 핵심으로서의 자아개념은 어떤 개념이 전체적인 인성조직으로 동화하는 데 받아들일 만한가를 결정하는 데 중요한 역할을 한다.

Rogers(1951)는 자아를 조직적이고 유동적이며 일관적이며 '나' 또는 '나를'의 특성에 대한 지각과 '나' 또는 '나를'과 다른 사람이 생활의 다양한 측면과의 관계에 대한 지각 그리고 이러한 지각에 부합되는 가치로 조직된 하나의 개념적 형태로 본다. 자아개념을 있는 그대로의 현실적 자아와 한 개인이 되고자 하는 이상적 자아의 개념으로 보았다.

　　이와 같은 논의에 대한 접근은 총체적으로 정신분석적·인본주의적·인지주의적 접근으로 구분될 수 있는데, 정신분석적 접근의 자아개념은 인성을 형성하는 원초자아, 자아 그리고 초자아의 역동성 속에서 개체가 출생하여 외부와 접촉하면서 발달하기 시작한다는 입장이다. 사회 심리적 접근에서의 자아개념은 대상으로서의 자아, 즉 인지되고 경험되는 것으로서의 자아를 뜻한다. 따라서 자아개념이란 타인이 자기에게 어떻게 반응하느냐에 따른 사회적 상호작용에 의해 생기는 것이다. 현상학적 접근에서는 자아는 대상인 동시에 과정이며 자아개념은 환경과의 상호작용, 즉 경험에 의하여 형성되는 것으로 보고 환경과 자신에 대한 의식적인 지각을 강조하고 있다. 인간의 행동은 유기체의 현상학적 장에 의해 결정되며 이때 현상학적 장이란 사람이 행동하는 순간에 인식하는 경험의 총체로 구성된다(송인섭, 1997).

　　자아개념은 생애 전반에 걸쳐 중요한 의미를 갖는 것이지만 자아정체감을 확립하고 자아개념을 수립하는 것이 청소년기의 가장 중요한 발달과업이라고 한 Erickson의 설명이 청소년기 자아에 관한 심리발달의 중요성을 단적으로 말해 주고 있다.

　　따라서 자아개념은 자아수용, 자아존중, 자아신뢰 등을 포함하는 큰 범주로 긍정적이거나 부정적인 것으로 설명된다. 부정적인 자아개념은 자신을 가치없거나 불만족스럽게 여기며 자신의 능력과 판단을 믿지 못해 부정하고 자기비하를 하는 것이다. 반면에 긍정적인 자아개념은 자신의 존재나 능력, 목표를 현실적으로 잘 인지하고 가치 있게 여기면서 자신의 능력과 판단에 자신감을 가지는 것이다. 자신의 삶에 만족하면서 새로운 활동과 도전을 시도할 수 있고 환경에 건강하게 적응하도록 만드는 긍정적인 자아개념은 인간의 성취 목표 중 하나라고 할 수 있다.

　　장기간에 걸친 성공과 실패의 축적은 그 개인의 특정 활동, 사상 또는 교과에 대한 태도를 결정하게 할 뿐만 아니라, 자신에 대한 관점을 형성하도록 이끌어 나간다. 학교에서 일관성 있게 성공해 온 학생은 자기 자신을 긍정적인 관점으로 보게 되는 반면, 계속 실패해 온 학생은 자기 자신을 부정적으로 보는 경향이 생긴다. 자기 자신에 대한 이러한 관점을 자아개념이라고 한다(이성진, 1998).

청소년기의 자아개념 발달에 영향을 미치는 중요한 타인 중의 하나는 부모이다. 부모는 자녀의 출생을 시작으로 자녀에게 최초의 관계 대상이 되며 인지적, 정서적, 행동적 발달의 모델이 된다. Kagan(1971)은 높은 자아존중감을 지니고 있는 부모는 양육태도에 있어 자녀에 대해 수용적 태도를 보이며 건전한 모델이 되고 자녀에게 올바른 행동을 지니도록 한다. 따라서 자녀는 모든 일에 자신감을 가지며 정서적으로 안정되어 있다고 한다. 이는 부모가 자아개념 형성에 중요한 영향을 미치는 타인임을 의미한다. 청소년들과 관계를 형성하는 또 다른 중요타인은 또래이다. 청소년의 시각은 그들이 성장함에 따라 부모와의 관계에서 또래가 속한 사회관계로 확대된다. 부모는 청소년의 성장에 수직적 모델인 반면 또래는 수평적 모델로서의 역할을 수행하게 된다. 부모와의 관계가 무의식적이고 무조건적인 관계라면 또래와의 관계는 선택적 관계라고 볼 수 있다. 이러한 또래관계는 타인과의 관계에서 사회적 기술을 획득하는 기회를 경험하고 사회적 발달을 촉진시킨다(정은주, 정광석, 2007).

Felker(1986)는 청소년기에 긍정적 자아개념을 형성하기 위하여서는 소속감, 능력감, 가치감을 발달시켜야 하며, 이 시기에 자신에게 무엇이 일어나고 있는가를 긍정적으로 이해하도록 돕는 것이 긍정적인 자아개념을 발달시키는 하나의 방법이 된다고 말하고 있다. 특히 청소년기의 자아개념 향상을 위하여 미술, 음악, 동작, 문학 등 다양한 분야에서 그동안 수많은 연구가 있어 왔는데 이 시기에 자신에게 무엇이 일어나고 있고 무엇을 느끼고 있는가를 긍정적으로 이해하도록 도울 수 있는 예술매체 활용 심리치료 연구가 활발하게 이루어져 오고 있다.

이와 같이 자신을 둘러싼 외적 환경과의 상호작용을 통하여 자아개념이 형성된다는 점에서 많은 선행연구는 집단미술치료에 주목하였고 그 치료적 효과에 대해 보고하고 있다. 집단원과의 상호소통을 통하여 자신의 능력과 판단에 자신감을 가지며 자신과 타인을 수용하고 존중하게 된다. 청소년기의 특성을 이용한 다양한 창조적 미술활동은 정서적 안정감과 더불어 자기를 인식하고 통찰력을 갖게 하는 데 효과적이다. 따라서 긍정적인 자아개념은 환경에 건강하게 적응하도록 만들어 자신의 삶에 만족하면서 새로운 활동과 도전을 시도할 수 있게 한다.

청소년의 자아개념 확립을 위한 집단미술치료 프로그램

1. **주목표**: 집단원과의 상호작용을 통한 자기탐색과 자아인식으로 향상된 자아 존중감은 청소년의 긍정적 자아개념을 향상시키고 비전을 수립하게 한다.

2. 단계별 목표

단계	회기	목표
초기	1~4	라포 형성 및 긴장이완, 자기탐색 및 자아인식
중기	5~10	자아존중감과 자아개념 향상, 사회적 상호소통
종결기	11~14	긍정적 자아개념 정립, 비전수립

3. 프로그램 구성

- 회기: 총 14회기, 회기당 70~90분
- 대상: 청소년 10명 이내

4. 프로그램 세부내용

회기	단계	주제	내용
1		나는 이런 사람입니다 (명함 만들기)	• 프로그램 소개 및 인사 나누기, 릴레이 소개, 집단 규칙표 만들기 • 미래의 이상적 자기로 상징화한 명함 만들기로 집단원 간 친밀감 형성 • 집단원 간 상호작용과 친밀감 형성
2	초기	난화 집단놀이	• 신체 놀이 • 다양한 감정난화를 통한 감정표출로 심리적, 신체적 이완을 촉진시키고 집단원 간 역동성 촉진 • 긴장이완 및 자기탐색
3		나의 관계망	• 나의 짝꿍을 소개합니다! • 자신을 중심으로 한 사회적 관계망을 도형과 선, 색으로 표현하여 자신의 모습을 인식 • 자기탐색 및 자아인식

4		내 마음의 사진첩	• 2분 연설 • '나는 누구인가'라는 자신의 존재에 대해 리스트를 작성 • 자기탐색 및 자아인식
5		나만의 무인도	• 내 짝꿍 달라진 곳을 찾아라! • 타인의 시선과 자기탐색으로 내면의 다양한 감정과 욕구를 알아차림 • 타인인식 및 자아인식
6		남이 보는 나와 내가 보는 나 (가면 만들기)	• 사인받기 • 외적인 얼굴 '페르조나'와 내적인 얼굴 '그림자' 작업을 통해 그 차이점과 양면성을 인식 • 자아개념 및 자아존중감 통합
7		나는 _____?	• 당신은 누구십니까? • 점토 매체의 특성을 이용한 자소상 만들기를 통해 심리적 안정과 자아의식 구조화 • 자아존중감 향상 및 자아개념 향상
8	중기	바닷속 여행	• 미러링 놀이 • 무의식의 상징인 바닷속 물고기 여행을 통해 무의식적 내면의 욕구와 환경을 탐색 • 자아개념 향상 및 사회적 상호소통
9		나 알기	• '성격강점 카드' 기억놀이 • 무작위로 주어진 단어들 중에서 자신을 대표하는 단어들을 탐색하며 자신의 성향과 욕구, 가치, 흥미, 비전 방향 등에 대한 이해와 수용 • 자아개념 향상 및 적극적 상호소통
10		나의 성장나무	• 나의 자랑, 너의 자랑 • 나무의 성장과정을 통한 자아탐색과 자아존중감 향상 및 타인의 지지를 통한 자아존중감 향상 • 자아존중감 향상 및 사회적 상호소통
11	종결기	두 개의 방 (양면성의 통합)	• 나의 긍정정서 5가지 • 개인의 내면에 양면성이 있음을 알고 양극성 표현을 통한 자아개념 통합 • 긍정적 자아개념 통합

12	소나무 씨앗의 여행	• 질문카드 게임 • '소나무 씨앗의 여행'을 통해 삶에 새로운 활동과 도전을 시도하고 환경에 건강하게 적응하며 비전을 설계 • 긍정적 자아개념 정립 및 비전 설계
13	당신은 멋진 사람	• 휴대전화 사진첩 속의 나! • 자신의 존재감에 대한 긍정적 재인식과 미래에 대한 희망을 강화하고 구체화함 • 긍정적 자아개념 정립 및 비전수립
14	에너지북	• 종결 소감 나누기 • 북 아트기법을 활용한 책 만들기로 네 장의 페이지에 걸쳐 각각 '멋진 나의 나무' '10년 후의 나의 모습' '자신에게 보내는 편지' '롤링 페이퍼' 활동 • 긍정적 자아개념 정립 및 비전수립

1) 초기: 1~4회기

초기단계는 원만한 프로그램 진행과정과 효과적인 종결을 위해 집단의 규칙과 서로의 약속에 대해서 강조하는 단계가 되어야 한다. 또한 집단원과의 어색한 분위기와 긴장감을 감소시키고 친밀해지기 위한 릴레이 소개와 손동작 놀이 등의 활동으로 도입부분을 시작하는 것이 좋다. 도입 후의 활동은 긴장되어 있는 집단원 간의 상호작용을 활성화하며 분위기를 이완시키고 그리기에 대한 부담을 갖지 않는 활동으로 자기탐색과 자아인식을 돕는다.

1회기   나는 이런 사람입니다(명함 만들기)

첫 만남의 어색함을 비현실적 자기로 이상화하며 놀이로 전환한다. 미래의 이상적인 자신에 대해서 생각해 보는 계기가 되고 집단원들과의 소통을 통하여 자기를 탐색하고 구체화함으로써 자기 욕구에 대해서도 알아차림을 기대한다.

* **준비물:** 명함 두 배 크기의 다양한 색 와트만지(1인당 집단원 수만큼의 개수), 유성사인펜, 색연필, 자, 직업카드(인싸이트 심리검사연구소), 음악

◎ 도입

1. 상담사 인사하기 및 프로그램 안내
2. 릴레이 소개: '~~ 옆에'
   ① 첫 번째 소개: 돌아가며 "나는 ○○○입니다."라고 인사한다.
   ② 두 번째 소개: "나는 ○○○ 옆에 ○○○입니다." 옆 사람은 다시 "나는 ○○○ 옆에 ○○○ 옆에 ○○○입니다."라고 자신의 이름을 마지막에 넣어 릴레이로 소개한다.
   ③ 세 번째 소개: "나는 ~~ 때문에(로) 특별한 ○○○입니다."라는 문장으로 돌아가며 인사한다.
   ④ 네 번째 소개: "나는 ~~ 때문에(로) 특별한 ○○○ 옆에, ~~ 때문에(로) 특별한 ○○○ 옆에, ~~ 때문에(로) 특별한 ○○○입니다." 라고 특별한 ○○○를 넣어 릴레이로 소개한다.
3. 규칙표 만들기(부록 7 '규칙표' 참조)
   프로그램 진행기간 동안 집단원이 반드시 지켜야 할 규칙을 함께 정하며 종이에 적고 큰 소리로 읽으며 약속을 한다.

◎ 프로그램 진행

① 어릴 적 자신의 꿈에 대해 이야기를 나눈다.
② 직업카드를 탐색한다.
③ 세상의 다양한 직업과 명함에 대해 이야기 나누며, 그중 자신만의 독특한 직업과 특별한 명함을 꾸미고 만든다(집단원 수만큼 제작).
④ 자신의 명함에 대해 발표한다.
   • 자신의 직업에 대해 소개
⑤ 자리에서 일어나 집단원과 명함을 서로 주고받으며 인사를 나눈다.

- 인사를 나누는 순서는 악수를 먼저 한 후, 한 사람이 먼저 명함을 건 네며 자신을 소개하고 나면 상대방이 또 자신의 명함을 건네며 자신을 소개한다.
- 경쾌한 음악을 배경으로 한다.

⑥ 자리에 앉아 프로그램 소감 나누기를 한다.
- 친구의 직업과 명함 중 부러웠던 직업과 명함이 있다면?
- 내가 원하는 직업을 갖기 위해서 나는 어떤 노력을 해야 할까?

유의점
- 명함의 디자인은 개인별로 자유롭게 만드나, 회사명, 직위, 성명, 주소, 전화 번호, 이메일 주소 등이 들어갈 수 있음을 알려 준다.
- 자신의 명함에 가격표를 매기고 경매놀이 활동으로 확장 작업해도 좋다.

2회기　**난화 집단놀이**

본 회기의 목표는 난화를 충분히 하여 긴장되어 있는 심리적, 신체적 이완을 촉진시키고 스트레스 분출을 도와 자아인식과 자기표현을 유도한다. 나아가 집단원과의 스토리텔링을 통한 집단원 간의 상호소통 작업으로 집단 역동성을 경험함으로써 집단원 간의 친밀성을 높인다. 활동 초입부에 감정난화를 시도하며 긴장감을 이완하고 스트레스 분출을 돕는다.

* **준비물**: 전지 켄트지 1장(팀별), 4절 켄트지(1인 2장), 크레파스, 매직, 가위, 풀, 투명테이프, 음악

◎ 도입: 진돗개

① 두 사람이 짝을 지어 서로 손을 마주 잡으며 "쎄쎄쎄"

② 마주 잡은 손을 서로 좌우로 4회 교차하며 "지나가는 진돗개가"

③ 각자 자신의 손바닥을 1회 치고

④ 서로의 손바닥으로 1회 마주치고, 각자 자신의 손바닥을 1회 친다.

⑤ 서로의 손바닥으로 2회 마주치고, 각자 자신의 손바닥을 1회 친다.

⑥ 서로의 손바닥으로 3회 마주치고, 각자 자신의 손바닥을 1회 친다.

⑦ 서로의 손바닥으로 2회, 1회, 2회, 3회…순으로 치며, 사이에 각자 자신의 손바닥을 1회 친다. 손바닥을 마주치는 횟수에 맞춰 "왈, 왈왈, 왈왈왈, 왈왈, 왈, 왈왈, 왈왈왈, ……"로 소리친다.

◎ 프로그램 진행

① 집단의 인원수에 따라 두세 팀으로 나누어 팀별로 앉는다.

② 첫 번째 4절 켄트지에 신나는 기분의 난화를 시도한다(개인별).

③ 뒷장으로 넘겨 화나는 기분의 난화를 시도한다.

"여러분! 여러분의 종이 위에는 자신을 괴롭히는 그 무언가가 있다고 생각해 보세요. 그렇게 생각하면 자신의 눈에 보일 거예요. 나를 괴롭히고 있는 것이 무엇인지 그것을 향하여 난화를 할 거예요. 내 마음이 후련해질 때까지…… 준비됐나요? 내가 시작과 스톱을 말할 건데 내가 스톱을 외칠 때까지 난화를 하면 됩니다…… 그럼 지금부터 내 마음을 괴롭히는 그것을 없애 버리기 위해서…… 준비~ 시작!"

④ ②의 화지를 구기고 찢는다.

"나를 괴롭히는 것을 문지르고 나니 기분이 어떠세요? 이제 그 종이를 구기거나 찢어 휴지통에 던져 버리세요. 그러면 내 안의 화가 신기하게도 사라질 겁니다."

⑤ 명상음악을 배경으로 눈을 감고 잠시 마음을 가라앉히는 시간을 가진다.

⑥ 두 번째 4절 켄트지에 편안하고 차분한 기분의 난화를 시도한다.

⑦ 난화 속에서 숨은 이미지(형태)를 4~5개씩을 찾아 색으로 칠한다.

⑧ ⑥을 가위로 오려 팀별로 미리 벽에 붙여 놓은 전지에 자유롭게 붙인다.

⑨ 팀원들이 서로 상의해 가며 나머지 공간을 컬러링 도구로 그려 주고, 전체적인 그림의 스토리를 만든다.

⑩ 각 팀장은 앞으로 나와서 그림의 제목과 스토리에 대해 발표한다.

유의점

• 난화를 할 때 자신의 감정별로 연상되는 크레파스 색을 선택하여 난화를 진행한다.

• 집단의 유형과 인원수에 따라 2~3팀으로 나누고, 팀별로 전지 켄트지를 미리 벽에 붙여 놓는다.

• 난화하기를 어려워하는 집단 구성원을 위해서 집단원이 모두 천장으로 팔을 올려 천장이 화지가 되어 허공난화를 시도한 후, 종이에 난화하기를 진행하면 효과적이다.

• 팀별 내용을 발표한 후, 확장작업으로 진행하고자 할 시에는 그림의 내용에 알맞은 음악을 선곡하게 하여 음악을 배경으로 팀별 3분 무언극을 시도할 수 있다.

3회기　나의 관계망

그리기에 부담이 없는 단순한 도형으로 자기대상을 인식하고 대인관계 패턴을 바라볼 수 있다. 가족과 친구, 자신의 흥미와 욕구 등을 향한 자기감정의 흐름을 통찰하며 자신과 타인 나아가 외부세계를 향한 자기 관계망을 재구축한다.

* 준비물: 4절 켄트지, 사인펜, 색연필, 스톱위치

◎ 도입

1. 오늘의 기분 나누기

2. 나의 짝꿍을 소개합니다!

　　① 2인 1조로 짝을 지어 자신을 2분씩 소개하는 시간을 갖는다. (내가 좋아하는 사람은, 내가 제일 무서워하는 것은, 내가 세상에서 가장 듣기 싫은 말은, 내가 가장 듣고 싶은 말은 등)

　　② 순서를 바꾸어 2분간 소개한다.

　　③ 집단원에게 자신의 짝꿍을 2분간 소개한다.

◎ 프로그램 진행

① 화지에 자신을 먼저 그려 주고, 자신을 중심으로 떠오르는 사람과 관심 있는 것들을 도형으로 그려 준다(이때 여자는 동그라미, 남자는 네모, 그 외의 추상적인 것들은 세모로 그린다).

② 자신을 중심(기준)으로 ①의 도형들을 연결시킨다(서로 친밀한 관계는 실선, 서로 소원한 관계는 점선, 서로 갈등하는 관계는 지그재그선)

③ ①의 도형에 각각의 대상에 어울리는 색을 선택하여 색칠해 준다.

④ 완성 후, 자신을 중심으로 한 자신의 관계망에 대해 발표한다.

⑤ 자신의 관계망과 다른 사람의 관계망 차이에 대해 느낀 점을 이야기해 본다.

유의점

• 그림 속 관계망의 조화와 균형, 느낌을 인식하게 한다.

• 이슈가 되는 내용, 자신과 타인의 도형의 크기, 성별 도형 개수 차이, 도형들의 위치 등에 대해 이야기 나눈다.

• 타인의 관계망을 통해 부러운 점과 배우고 싶은 점, 닮고 싶은 점에 대해서도 이야기 나눈다.

4회기　내 마음의 사진첩

콜라주 작업을 통해 자신의 존재에 대해 다양한 측면으로 생각하고 자기를 인식하는 시간이 된다. 이 작업 또한 초기에 그림을 그리는 것에 대한 부담을 갖지 않아도 되는 활동으로 무의식적 자기 욕구를 통해 자아가 잘 드러나는 활동이다.

* 준비물: 4절 켄트지, 잡지, 가위, 풀, 색연필, 사인펜, 질문지(부록 참조), 스톱워치

◎ 도입: 2분 연설

다양한 내용이 적혀진 질문지를 제비뽑기를 하여 한 명씩 앞으로 나가 그 질문지 내용대로 2분 연설을 한다.

◎ 프로그램 진행

① 화지의 4분의 1 정도의 공간을 접어 놓고 화지의 4분의 3 공간에 자신의 이미지와 비슷하거나 상징적인 사진을 잡지에서 찾아 화지에 붙인다.

② ①의 주변에 다음의 내용으로 와닿는 사진들을 찾아 오려 붙이거나 그림으로 그린다.

- 내가 좋아하는 것 / 내가 싫어하는 것
- 내가 좋아하는 활동 / 내가 싫어하는 활동
- 내가 좋아하는 사람 / 내가 싫어하는 사람
- 내가 잘하는 것 / 내가 못하는 것
- 내가 가 보고 싶은 곳 / 내가 두려워하는 곳
- 가족과 함께하고 싶은 활동 / 친구와 함께하고 싶은 활동

③ 전체적으로 컬러링 도구로 꾸미고 마무리한다.

④ 완성된 작품을 보고 남은 화지 4분의 1 공간에 앞의 내용에 대한 리스트를 작성한다.

⑤ 자신의 작품과 리스트에 대해 발표한다.

유의점
• 다양한 종류의 잡지를 준비하여 진행한다.

2) 중기: 5~10회기

중기단계에서는 내면의 다양한 감정과 욕구를 알아차리고 자아탄력을 얻어 긍정적 자아를 찾아가는 단계이다. 주변 타인의 시선에 대해 자기탐색의 기회를 갖고 흥미로운 주제와 적극적 상상으로 무의식적, 의식적 내면의 자아를 탐색한다. 즉, 집단원과의 상호소통을 통하여 그동안 자신을 가치 없거나 불만족스럽게 여기며 부정하던 모습을 적극적으로 표현하며 자신의 능력과 판단에 자신감과 자존감의 변화를 가져오는 데 중기 목표가 있다.

5회기　나만의 무인도

중기 첫 회기로 주변 타인의 시선으로 인해 억압되어 있던 사고와 감정들이 표출될 수 있도록 유도하여 자기감정과 욕구를 알아차리게 돕는다. 무기력하고 부정적인 자아의식과 낮은 자존감으로 잠재되어 있던 의식은 타인과의 관계형성과 적극적 자기탐색을 통하여 자기통찰을 얻고 자신감 회복과 자아탄력성을 높이는 기회를 갖게 된다.

* 준비물: 8절 켄트지, 크레파스, 색연필, 사인펜, 물감, 붓, 팔레트, 조용한 음악

◎ 도입: 내 짝꿍 달라진 곳을 찾아라!

가까이 앉은 상대와 짝을 지어 가위바위보를 한다. 진 사람은 이긴 사람을 등지고 앉아 있을 때, 이긴 사람은 머리끝에서부터 발끝까지 자신의 신체를 이용하여 변화를 준다. 진 사람은 이를 알아맞힌다. 서로 번갈아 진행한다.

◎ 프로그램 진행

① 잠시 눈을 감고 음악을 배경으로, '만약 내가 아무도 살고 있지 않은 무인도에 살러 간다면 누구와 함께, 무엇을 가지고 갈까?'에 대해 상상하는 시간을 갖는다.

② 자신이 가져가고 싶은 것들과 그 누구와 함께 자신이 살고 싶은 무인도를 화지에 그려 준다.

③ 크레파스와 물감으로 채색을 하여 완성한다.

④ 그림의 제목을 정하고 그림의 내용에 대해 소개하고 질문하는 시간을 갖는다.

- 어떤 계기로 무인도에 가게 되었을까요? 누구와 함께?
- 나는 무엇을 가지고 무인도에 갔나요?
- 나는 지금 무인도에서 무엇을 하고 있나요? 나의 모습은 어떤가요?
- 내 눈에 무엇이 가장 먼저 들어왔나요? 무인도의 풍경은?
- 나의 기분은 어떤가요? 보고 싶은 사람은 없을까요?
- 언제까지 살고 싶을까요?

⑤ 프로그램 소감을 나눈다.

6회기 남이 보는 나와 내가 보는 나(가면 만들기)

사회적이고 공적인 얼굴인 '남이 보는 나'와 내면의 나를 뜻하는 '내가 보는 나' 작업을 통해 그 차이점을 인식한다. 한 개인이 삶을 영위해 나가며 갈등하게 되는 페르조나와 그림자의 양면성에 충실하며 자아를 통합해 나가야 하는 필요성에 대해 인식하는 시간이 되게 한다. 나아가 자신과 서로에 대해 알아야 하는가에 대한 관계의 의미를 안다.

* **준비물:** 종이가면, 아크릴물감, 유성매직, 붓, 접시, 스팽글, 장식재료, 글루건, 물티슈

◎ **도입**

1. 오늘의 기분 나누기
2. 사인받기
   ① 집단원 각자에게 A4용지를 한 장씩 나누어 준다.
   ② A4용지의 칸을 집단원 수만큼 나누어 접는다(8명이면 8칸).
   ③ 마음에 드는 칸에 자신의 애칭이나 이름을 적어 예쁘게 꾸민다.
   ④ 집단원 개개인에게 다가가 인사하고 사인을 받아 오도록 한다(시간을 제한하면 좀 더 적극적으로 활동에 임할 수 있다).

◎ **프로그램 진행**

① 사람얼굴모형 종이가면 좌측면 또는 앞면에 '내가 보는 나'의 모습을, 우측면 또는 뒷면에는 '남이 보는 나'의 모습을 생각하며 아크릴물감으로 그림을 그린다.
② 물감이 마르면, 스팽글이나 꾸미기 재료 등을 이용하여 가면의 특징을 강조한다.
③ 완성 후, '내가 보는 나'와 '남이 보는 나' 두 가면에 대해 제목을 붙이고 소개한다.
   • '내가 보는 나'와 '남이 보는 나' 중 어떤 얼굴이 더 자신의 마음에 드는지?
   • 마음에 든다면 어떤 면이 더 마음에 들고, 마음에 들지 않는다면 어떤 면이 마음에 들지 않는지?
   • 두 얼굴의 차이점과 공통점이 있다면?
④ 소개 후, 두 모습의 가면을 통합시킨 제목을 붙이고 발표한다.

유의점

- 완성된 가면으로 상황에 적절한 역할극으로 확장활동을 할 수 있다.
- 아크릴물감으로 바로 그리기가 부담스러우면 연필이나 사인펜으로 밑그림을 그리고 시작해도 좋다.
- 아크릴물감은 수성이긴 하나 붓에 묻은 물감이 굳으면 사용할 수가 없다.
- 아크릴물감은 물을 많이 사용할수록 완성 후 광택이 떨어진다.

7회기   나는 _____?

비정형 매체의 특성을 이용하여 정서적 안정과 무의식적 자기표현을 촉진시킨다. 자아상 투사를 통한 지각은 자아탐색의 구조화 과정을 거친다. 나아가 집단원과의 원만한 상호소통은 사회적 자아를 이해하고 수용하며 자기통찰을 가져온다. 자기표현과 상호작용에 어려움이 있는 청소년에게도 어렵지 않게 다가갈 수 있는 장점이 있다.

* **준비물:** 찰흙, 원단 우드록(A4 크기) 또는 8절 켄트지, 찰흙도구, 손거울, 질문지(부록 참조), 사인펜, 조용한 음악

◎ 도입

1. 오늘의 기분 나누기
2. 당신은 누구십니까?
   ① 2인 1조로 두 사람은 서로의 손을 잡고 마주본다.
   ② 한 사람이 먼저 "당신은 누구십니까?"라고 물으면 상대는 생각나는 대로 자신에 대해 대답을 한다.
   ③ 이 물음을 차분하고 진지하게 5번을 연속해서 묻고 답한다.
   ④ 역할을 서로 바꾸어 진행한다. (물어보는 사람은 절대 장난스럽게 물어보지 않는다. 반드시 차분하고 진지하게 묻는 것을 원칙으로 한다.)

◎ 프로그램 진행

① 찰흙을 자유롭게 탐색한다(누르고, 두드리고, 뜯고, 말고, 굴리고, 찌르고 등).

② 적은 양의 찰흙만 남겨 놓고 둥글고 납작하게 하여 자신의 얼굴모형을 만든다.

③ 남겨 놓은 찰흙으로 머리카락과 이목구비를 꾸며 준다. 이때 작은 손 거울로 자신의 얼굴을 관찰해 가며 꾸며도 좋다.

④ 완성된 자신의 얼굴을 바라보며 인쇄된 질문지에 글을 적는다.

⑤ 자신의 작품과 글을 발표한다.

8회기　바닷속 여행

무의식의 상징인 바닷속 주인공 물고기의 자아여행을 통해 자신이 두려워하는 것과 도전하고자 하는 것, 모험하고자 하는 무의식적 내면의 욕구와 환경을 탐색하고 이해하는 계기를 갖는다. 나아가 자신의 내면에는 내 · 외적으로 잠재되어 있는 긍정적 자원과 무한한 에너지가 있음을 안다.

* **준비물:** 켄트지(4절 또는 8절지), 색연필, 사인펜, 파스텔, 조용한 음악

◎ 도입

1. 오늘의 기분 나누기

2. 미러링 놀이

① 2인 1조로 짝을 지어 가위바위보로 '주인공'과 '거울'의 역할을 정한다.

② 부드러운 음악을 배경으로 주인공과 거울은 서로 손바닥을 맞대고 (이때 손바닥 간격을 2센티미터가량을 띄운다) 주인공이 움직이는 대로 주인공의 동작을 같은 방향으로 같이 움직인다.

③ 두 번째 동작은 거울이 주인공이 움직이는 것과는 반대방향으로 움직인다.

④ 서로 주인공과 거울의 역할을 바꾸어서 진행해 본다. (주인공과 거울의 동작 중 어느 역할이 더 자신에게 편안하고 불편했는지에 대해서 이야기 나눈다.)

◎ 프로그램 진행

① 눈을 감고 호흡을 하며, 조용한 음악을 배경으로 이완하고 상상할 수 있도록 한다.

"내가 지금 백사장 위에 서 있다고 상상합니다. 내 눈 앞에 넓은 바다가 펼쳐져 있고 나는 한 걸음씩 바다로 다가갑니다. …… 나는 어느새 한 마리의 물고기로 변하여 바닷속을 유영하고 있습니다. 그 물고기는 바닷속 깊은 곳으로 여행을 떠나고 있습니다. 물고기의 몸은 자유로워 어디든 갈 수 있습니다. …… 물고기로 변한 나의 모습은 어떻게 생겼나요? 지금 물고기가 보고 있는 것은 무엇인가요? 지금 물고기가 있는 곳은 어디인가요? 물고기 주변에는 무엇이 있나요? …… 물의 온도는 어떠한가요? 차가운가요? 따뜻한가요? 그리고 또 무엇이 느껴지나요? …… 물고기는 그렇게 한참을 여행하다가 주변을 살피며 물 위로 올라올 준비를 합니다. 자, 이제 눈을 뜨고 현실로 돌아옵니다."

② 눈을 뜨고 앞에 놓인 화지에 자신이 상상했던 물고기와 바닷속 풍경을 그린다.

③ 완성 후, 자신의 작품을 소개한다.

- 바닷물의 온도와 깊이는 어떠한지?
- 바다는 어떤 바다인지?
- 물고기는 어떤 모습인지?
- 물고기는 지금 어디에서 무엇을 보고 있는지?
- 물고기가 어디로 가고 있는지?
- 물고기 주변에는 무엇이 있는지?
- 물고기의 기분과 느낌은 어떠한지?

④ 본 프로그램의 목적과 소감에 대해 이야기 나눈다.

유의점

• 상담사는 주인공 물고기가 적극적으로 자아를 탐색하고 자기 문제를 직면
해 나갈 수 있도록 배경음악의 선곡, 내레이션에 신경 쓴다.
• 그림의 내용이 어려운 상황이나 환경으로 표현되었다 할지라도 내담자의 내
적 · 외적 긍정적 자원을 찾아 스스로 이겨 낼 수 있는 내면의 힘과 에너지가
내재되어 있음을 확인시켜 주는 것을 잊지 않는다.

9회기   나 알기

무작위로 주어진 단어들을 이용한 상징적 자기탐색 작업은 자신의 성향과
욕구, 가치, 흥미, 방향 등에 대한 긍정적 자기인식의 기회를 갖는다. 부정적인
자아개념으로 자신의 능력과 판단을 믿지 못해 자아수용과 자아존중에 어려움
을 가지고 있는 청소년들이 본 회기를 통하여 가장 중요한 발달과업의 하나인
자아정체감 확립에 도움을 갖는다.

* **준비물:** 예시 단어장(부록 참조), 8절 켄트지, 형광펜, 사인펜, 색연필, 청소
년 성격강점 카드(인싸이트 심리검사연구소), A4용지

◎ 도입
1. 오늘의 기분 나누기
2. 기억놀이: 성격강점이 적혀진 카드 20여 장을 정해진 시간 동안(3~5분
정도)만 보여 준 뒤, 카드를 치우고 기억에 남는 성격강점 단어를 정해
진 시간(2분 정도) 안에 적게 한다. 가장 많이 적은 사람이 승리한다. 점
차 시간을 줄여서 2~3번 반복한다.

◎ 프로그램 진행

① 예시 단어장에서 자신을 묘사하는 단어들을 찾아 파란색 사인펜으로 동그라미를 친다.

② 자신이 잘하는 것을 찾아 빨간색 사인펜으로 동그라미를 친다.

③ 자신이 좋아하는 것에는 녹색으로 동그라미를 친다.

④ 두 개, 세 개 표시되어 중복된 단어에 형광펜으로 줄을 친다.

⑤ 형광펜으로 표시된 단어들을 이용해서 문장을 짓고, 그림으로 표현한다.

⑥ 제목을 적고 발표의 시간을 갖는다.

유의점

• ①~③까지는 상담사의 지시에 맞추어 일정한 시간 안에 체크하게 한다.

10회기 나의 성장나무

중기 마지막 회기로서 개인의 자아를 상징하는 과거, 현재, 미래의 나무그림을 통해 무의식적 자아 성장과정에 대해 탐색한다. 새로운 활동과 도전을 통하여 현실과 환경에 건강하게 적응하고 대처해 나가는 방법을 인지하며, 집단원 간의 긍정적 피드백을 통하여 긍정적 자아개념을 형성하게 한다.

* **준비물**: 4절 켄트지, 사인펜, 색연필, 파스텔, 음악, 칭찬 꽃(부록 참조)

◎ 도입

1. 오늘의 기분나누기

2. 칭찬 꽃(롤링 페이퍼): 개인별로 꽃 중심에 자신의 자랑을 적고 종이를 오른쪽 사람에게 넘긴다. 집단원은 돌아가며 꽃잎 하나하나에 그 사람의 칭찬거리를 적는다(인원수에 맞추어 미리 복사해서 사용한다).

◎ 프로그램 진행

① 인간의 성장과정과 닮은 나무의 성장과정에 대해 설명을 한다.

② 화지를 세 칸으로 나누어 접고, 첫 번째 칸에 세상에 갓 태어난 새싹을 그린다.

③ 두 번째 칸에는 현재 무럭무럭 성장하고 있는 나무를 그린다.

④ 세 번째 칸에는 이 나무가 어떻게 자랐을 것 같은지 미래의 나무를 그린다.

⑤ 세 장의 나무 각각에 말 주머니를 달고, 나무가 하고 싶은 말을 적어 넣는다.

⑥ 빈 공간에는 나무가 듣고 싶은 말을 적어 넣는다.

⑦ 세 장의 나무에 각각의 제목을 적는다(○○○한 나무).

⑧ 도입 시 집단원이 적어 주었던 칭찬 꽃을 가위로 오려, 붙여 주고 싶은 공간에 붙인다.

⑨ 자신의 성장나무를 발표한다.

유의점

• 도입 시의 칭찬 꽃은 집단원으로부터 칭찬의 글을 받은 후 꽃잎 가장자리 부분을 색칠해서 화지에 붙이면 효과적이다.

• 나무 그림이 다소 허약하고 힘든 모습으로 그려졌어도 나무의 형태나 내용 속에 내담자를 긍정적으로 촉진시킬 수 있는 자원을 찾아 자신감과 자존감을 높여 준다.

3) 종결기: 11~14회기

그동안 초·중기 프로그램 과정을 통해 충분한 자기탐색의 기회와 대인 간 상호작용을 통한 자아개념 인식의 변화를 가져왔다. 이전의 미숙하고 혼란스러웠던 자아가 자신과 타인을 수용하고 존중하게 되면서 자기신뢰가 쌓이고 자존감이 향상되었다. 따라서 종결단계에서는 긍정적인 자아개념을 정립하여 미래를 향한 비전을 세우는 단계가 된다.

11회기 **두 개의 방(양면성의 통합)**

11회기는 종결단계 첫 회기로, 개인의 내면에는 양면성이 있음을 알고, 심리적 양극성의 표현을 통해 자아를 재구조화한다. 그동안 자책하며 혼란스러워했던 부정적 자아, 내면과 외면의 선과 악, 빛과 그림자 등이 자신을 지켜 준 내면의 힘이었음을 인식하고 수용하며 긍정적인 자아개념으로 통합하는 회기가 된다.

* 준비물: 4절(8절) 켄트지, 크레파스, 색연필, 사인펜, 파스텔, 조용한 음악, A4용지

◎ 도입
1. 오늘의 기분 나누기
2. 나의 긍정정서 5가지: A4용지 좌측면에 자기 긍정정서 5가지를 먼저 적는다. 긍정정서 단어를 바라보며 그 긍정정서와 반대되는 개념의 정서 단어를 우측면에 적어 넣는다. 그리고 자신이 적은 정서를 발표한다. 부정정서 또한 나를 이끌어 가는 힘과 에너지가 되고 있음을 알게 한다.

긍정정서	긍정정서와 반대되는 개념의 정서
예) 친절하다 ……	예) 사납다 ……

◎ 프로그램 진행

① 눈을 감고 명상음악과 함께 호흡으로 이완하며 다음과 같이 상담사의
안내에 따른다.

"당신은 천천히 길을 걷고 있습니다. …… 당신의 눈앞에 두 개의 문이
보이는군요. 이 문의 손잡이를 열면 한쪽은 밝은 방이고, 다른 한쪽은
어두운 방입니다. 당신은 어떤 문을 먼저 열 것인지 잠시 생각합니다.
당신은 어떤 방으로 먼저 들어갈 건가요? 잠시 생각을 하다가 한쪽 방
문을 열고 들어갑니다. 방 안을 둘러봅니다. 당신의 눈에 무엇이 보이
나요? 무엇이 느껴지나요? 당신은 잠시 그 방에 머물러 있습니다. ……
자, 이제 그 방을 떠날 준비가 되었군요. 당신은 잠시 머물렀던 그 방의
문을 닫고 나와 다른 쪽 방문을 열고 들어갑니다. 무엇이 보이나요? 무
엇이 느껴지나요? 그 방의 분위기를 충분히 느껴 보세요. …… 이제 당
신은 그 방에서 떠날 시간이 되었습니다. 당신은 그 방에서 나와 걸어왔
던 길을 되돌아 나옵니다. 자, 이제 눈을 뜨세요. 현실로 돌아왔습니다."

② 화지를 이등분하여 ①의 상상에서 보았던 장면, 즉 좌측에는 어두운 방
을 그리고, 우측에는 밝은 방의 모습을 그린다.

③ 자신의 작품을 소개한다.

- 어떤 방을 먼저 들어갔나요?
- 밝은 방과 어두운 방에서 보았던 것은 무엇이었나요?
- 밝은 방과 어두운 방의 느낌은 어떠했나요?
- 어느 방이 나에게 더 편안했나요?
- 나는 어느 방에 더 머물러 있고 싶었나요?

④ 발표 후, 각 방에 대한 느낌을 단어로 3~5개 정도 적고, 그 단어를 이
용하여 문장을 만든다(밝은 방과 어두운 방 각각).

⑤ 두 개의 문장을 합쳐서 통합된 문장을 만들어 그 내용을 화지 중앙에
적는다.

⑥ 통합된 내용으로 제목을 붙이고 다시 한번 자신의 작품을 발표한다.

유의점

• 내 안의 두 가지 양면성은 모두 자신을 지켜 준 내면의 힘이었음을 인식하
  고 수용하며 긍정적인 자아개념으로 통합하여 자신감을 갖게 한다.

12회기 소나무 씨앗의 여행

　그동안 집단원 간의 적극적 상호소통과 개인의 자아통찰을 통하여 긍정적 자
아로 자신감의 변화를 가져왔다. 본 회기 활동은 자신의 존재나 능력, 목표를
현실적으로 잘 인지하고 가치 있게 여기면서 자신의 삶에 새로운 활동과 도전
을 시도하고 환경에 건강하게 적응하며 미래비전을 설계할 수 있도록 돕는다.

　＊준비물: 4절 켄트지, 색연필, 사인펜, 파스텔, 음악, 질문카드(인싸이트 심리
　　검사연구소)

◎ 도입
　1. 오늘의 기분 나누기
　2. 질문카드 게임
　　① 질문카드를 잘 섞은 뒤 뒤집어 놓고 무작위로 5장의 질문카드를 뽑
　　　는다.
　　② 5장의 카드 중 자신의 마음에 드는 카드 3장을 선택한다.
　　③ 자신이 선택한 카드 질문에 대해 집단원은 돌아가며 이야기한다(집
　　　단원의 인원과 시간에 따라 카드 수를 가감한다).

◎ 프로그램 진행
　① 조용한 음악을 배경으로 집단원은 눈을 감고 다음의 '소나무 씨앗의 여
　　행'을 들려준다.

"언제나 맑고 시원한 바람이 불어오는 곳이 있었습니다. 아름다운 꽃
향기가 그 바람 끝에 실려 와서 나무들의 푸른 잎에 내려앉곤 하는 작
은 산이었습니다. 그 산에는 이름 모를 풀꽃들과 나무들이 살고 있었
습니다. 꽃향기를 실은 바람이 쉼 없이 건너다니고 햇살이 따사롭게
비치는 산기슭에 소나무 한 그루가 서 있었습니다. 그 소나무에는 솔
방울들이 가득 매달려 있었습니다. 가지 끝에 매달린 솔방울 안에 아
주 작은 소나무 씨앗이 하나 잠들어 있었습니다. 그러던 어느 날 바람
이 몹시 심하게 불던 날, 소나무 씨앗은 자신의 몸이 솔방울에서 튕겨
나와 바람에 날리고 있다는 것을 알게 되었습니다. 이제 소나무 씨앗
은 먼 여행을 떠나게 되었습니다.
…… 이제 소나무 씨앗은 어떤 여행을 하고 어디에 어떻게 뿌리를 내리
게 될까요?"
② 화지에 소나무 씨앗이 여행을 하고 있는 과정이나, 여행을 마치고 난
후 소나무 씨앗과 나무가 자라고 있는 장면을 그림으로 그린다.
③ 자신의 그림을 감상하며 화지 뒷면에 그림의 제목과 줄거리를 적는다.
④ 자신의 그림과 글을 소개한다.

유의점
• 다소 희망적인 내용으로 표현되지 못하였다 하더라도 전체적인 내용에 초
점을 두어 미래를 향한 구체적이고도 긍정적인 메시지로 마무리한다.

13회기 당신은 멋진 사람

프로그램 종결을 앞두고 자신의 존재감에 대한 긍정적 재인식과 자신감으로
희망적인 미래 자아상을 떠올리며 구체화함으로써 자아개념을 정립하고 비전
을 갖는 회기이다.

* 준비물: 8절 켄트지, 사인펜, 색연필, 인터뷰 질문지(부록 참조), 휴대전화

◎ 도입

1. 오늘의 기분 나누기

2. 휴대전화 사진첩 속의 나!: 자신의 휴대전화 사진첩 속에서 자신을 대신할 수 있는 대표사진 한 장씩을 골라 발표한다. 그 사진의 어떤 점이 마음에 들어 선택하였는지, 그 사진이 자신과 어떤 면이 닮았는지, 그 사진을 찍을 때 어떤 기분이었는지, 지금 그 사진을 보니 어떤 기분이 드는지 등에 대하여 이야기하고, 집단원은 돌아가면서 칭찬릴레이를 한다.

◎ 프로그램 진행

① 눈을 감고 '내 인생에 최고의 순간'이 온다면 어떤 일이 일어날 것 같은지 상상한다.

- 나는 지금 어디에서 무엇을 하고 있나요?
- 나는 지금 누구와 함께 있나요?
- 지금 주변에는 무엇이 보이나요?
- 지금 나의 기분은 어떤가요?

② ①의 상상한 장면을 화지에 그린다.

③ 다양한 질문이 적혀 있는 인터뷰 질문지를 나눠 주고 작성한다.

④ 자신의 그림과 인터뷰 내용을 발표한다.

⑤ 마지막으로 인터뷰 소감을 나눈다.

14회기   에너지북

그동안의 프로그램을 종결하는 회기로서 북아트 기법을 활용한 책 만들기 후, 자아상을 상징하는 나무 그리기, 미래의 자신, 자신에게 보내는 편지, 롤링 페이퍼 등의 마무리 작업을 진행한다. 이를 통한 긍정적 자아 재인식은 다시 한번 더 긍정적 자아개념을 정립시키고 향상된 자존감으로 미래 비전을 수립한다.

* **준비물**: 표지용(두꺼운 판지나 머메이드지 또는 두꺼운 샘플 벽지), 속지용(색 켄트지), 양면테이프, 리본테이프, 칼, 가위, 사인펜, 색연필, 유성매직

◎ **도입**
1. 오늘의 기분 나누기
2. 종결 소감 나누기: 그동안 함께하며 느꼈던 생각들을 집단원이 돌아가며 이야기한다.

◎ **프로그램 진행**
① 속지 만들기: 정사각 색상지를 가로, 세로 각각 1/2 접기를 하고 다시 대각선 접기를 한 번 하여 사각 주머니 접기를 한다(4장).
② 양면테이프로 속지 4장을 서로 맞대어 붙인다(이때 사각주머니 방향이 동일해야 한다).
③ 표지 만들기: 속지 크기보다 사방 3mm 정도 크게 정사각형으로 자른다(2장).
④ 2장의 표지를 대각선으로 2cm 간격을 두고 바닥에 놓은 후, 70cm 길이의 리본테이프를 표지 안쪽에 양면테이프로 고정시킨다.
⑤ 속지를 리본이 붙어 있는 표지 안쪽에 넣고 양면테이프로 고정하여 책을 완성한다.

⑥ 첫 장을 펼치고, 우람하고 튼튼한 한 그루의 나무를 그리고, 나무의 제
　목을 적는다.

⑦ 두 번째 장을 펼치고, 10년 후의 자신의 모습을 상상하며 그림을 그린다.

⑧ 세 번째 장을 펼치고, 자신의 이름을 부르며 자신에게 보내는 편지를
　적는다.

⑨ 네 번째 장을 펼치고, 화지의 가운데에 자신의 애칭을 적고 오른쪽 사
　람에게 자신의 책을 넘긴다.

⑩ 마지막으로 표지에는 자신만의 느낌 있는 책 제목과 날짜를 적고 꾸며
　준다.

⑪ 자신의 책을 소개한다.

유의점

• 네 번째 장의 롤링 페이퍼 시간에는 친구에게 평소 말로는 해 주지 못했던
　격려나 지지의 표현을 정성껏 적어 준다.

• 자신의 책에 대해 소개를 할 때에는 자신이 소개하고 싶은 페이지만 집단원
　에게 발표하도록 배려한다.

• 집단원이 적어 준 메시지가 자신에게 에너지가 된 부분에 대해서도 소감 나
　누기를 한다.

08 청소년 진로탐색을 위한
집단미술치료 프로그램

청소년 시기는 발달적 측면에서 자아정체감의 혼란과 더불어 미래의 삶의 방향을 정해야 하는 중요한 시기이다. 고등학교를 졸업하면서 대학으로 진학을 할 것인지, 취업할 것인지를 고민하게 되면서 자신들의 미래에 대해 선택의 갈림길에 서게 된다. 이 선택은 청소년기에서 성인기로 넘어가는 데 중요한 관문이 되며, 이후의 삶의 질을 결정하는 데 중요한 역할을 하기도 한다. 따라서 청소년기의 진로 결정은 매우 중요한 과제 중 하나라 할 수 있다.

청소년들은 '나는 누구인가'에 대한 고민과 함께 '내가 앞으로 할 일은 무엇인가'에 대한 고민을 동시에 해야 하기에 그만큼 자신의 진로에 대한 혼란감은 클 수밖에 없다. 이러한 혼란감은 정서적인 불안과 위축 혹은 과장된 자아상을 형성하며, 미래의 자아상에 부정적인 영향을 초래할 수 있다. 청소년기에 자신의 진로를 결정하고 이를 위해 준비할 기회를 얻게 된다는 것은 그만큼 그 시기의 심리적 안정감에도 영향을 줄 수 있음을 의미한다. 진로에 관해 결정하지 못하고 혼란을 경험하게 되는 경우, 상급학교로의 진학실패와 학업성취에서의 동기부여, 자아존중감 등에 부정적인 영향을 초래할 수 있다. 여러 연구결과에서도 진로를 결정하지 못한 청소년의 경우 불안 수준이 높고, 문제 해결 능력 수준이 낮은 것으로 나타나고 있다(Betz & Serling, 1993; Chartrand, Rose, Elliott, Marmarosh, & Caldwell, 1993). 따라서 청소년들이 자신의 진로를 찾아 나갈 수 있도록 도와주는 것은 심리발달적인 측면에서 중요한 일이라 할 수 있다.

청소년기의 진로 결정에 영향을 미치는 주된 요인은 진로정체감과 자기효능감이다. 따라서 청소년 진로를 위한 프로그램 계획을 위해서는 이 점을 고려해야 한다. 진로정체감은 진로발달에서 개인의 정체감을 설명하기 위한 개념으로 개인이 현재 자신의 진로를 명확하게 인식하고 진로에 대해 확실한 그림을 갖고 있는가를 의미한다(Holland, Gottfredson, & Power, 1980). 진로정체감을 형성하기 위해서는 자기 자신에 대한 이해와 직업에 대한 이해 및 정보수집 능력이 요구되는데, Ginzberg(1951)와 Super(1971)에 의하면, 초반에는 자신의 능력이나 관심을 고려하지 않다가 점차 자신의 현실적 요인들을 파악하고 획득한 정보와 타협하며 자신의 진로를 결정하게 된다. 즉, 시간이 지나면서 진로를 결정할 때 자신의 흥미나 능력, 가치와 기회뿐 아니라 직업의 요구조건과 교육기회 및 개인적 요인 등과 같은 현실요인을 고려하게 되는 것이다(김봉환 외, 2006). 자신의 진로를 선택할 때 초기에 가졌던 다소 부풀려졌거나 비현실적인 부분들을 정리하고, 자기에 대해 좀 더 구체적으로 이해하고 탐색하는 과정을 가지는 것이 진로탐색에 중요한 일이라 할 수 있다.

자기효능감은 개인이 어떤 결과를 산출해 내기 위해 요구되는 행동을 성공적으로 수행할 수 있다는 자신감을 의미하며, 주어진 상황의 처리를 위해 개인의 인지적 자원 및 동기 등 다양한 행동의 과정을 동원할 수 있다는 자기 능력의 판단과 신념을 말한다(Bandura & Wood, 1989). 청소년들이 자신의 진로를 선택할 때 자기효능감이 낮은 경우, 쉽게 좌절하고 불안정한 상황에 대한 대처 능력이 떨어지게 된다.

청소년기의 진로탐색을 위한 프로그램은 진행 과정에 참여한 그룹원들이 현실적인 자아를 인식하고 지속적인 성취 경험과 긍정적인 모델링을 통해 자기효능감을 성장시킬 수 있도록 하는 것이 중요하며, 이때 미술은 좀 더 촉진적인 매체의 역할을 할 수 있다. 미술 매체의 사용은 청소년들의 방어기제가 좀 더 적은 매체이기도 하지만 미술작품 활동을 통해 성취 경험과 작품 속에 녹아든 외현화된 자신을 살펴보면서 자기를 이해하는 경험을 할 수 있다. 미술치료가 청소년들의 진로 의사결정에 꽤 긍정적인 효과가 있다는 연구들도 있어(박소라, 2008; 이현정, 2008; 임현미, 2006) 미술치료의 청소년 진로탐색을 위한 적용은 매우 적절하다 할 수 있다.

본 프로그램은 청소년들이 자신들의 진로의 방향성을 찾아가기 위해 요구되는 진로정체감과 자기효능감을 향상시키는 데 목적을 두고 계획되었다. 앞서 살펴본 바와 같이 자신에 대한 지각과 통찰 속에서 자기를 이해하고 이를 통해 미래의 비전을 형성할 수 있도록 돕는 것이다. 프로그램을 구성하는 데 있어서 자신에 대한 긍정성과 강점을 발견하고 이를 통해 앞으로의 진로에 대한 비전을 형성할 수 있도록 하는 데 초점을 두었다. 진로탐색 미술치료 프로그램을 통해 참여한 청소년들은 회기과정 속에서 긍정적인 자아 인식과 신념을 형성하고, 관심 분야와 할 수 있는 것들에 대한 탐색과정을 경험하면서 자신만의 진로 방향성을 형성할 수 있도록 도울 수 있다.

청소년 진로탐색을 위한 집단미술치료 프로그램

1. **주목표**: 현실적 자아인식과 성취경험을 통해 자기효능감을 높이며, 자신의 진로방향에 대한 방향성을 모색한다.

2. **단계별 목표**

단계	회기	목표
초기	1~3	욕구탐색 및 참여목표 설정
중기 1	4~8	• 자아인식을 통한 자기효능감 증진 • 자기 이해를 통한 긍정적 자아상 형성
중기 2	9~12	다양한 진로에 대한 탐색 및 방향성 모색
종결기	13~15	긍정적 비전형성 및 미래 목표 수립

3. 프로그램 구성

- 총 15회기, 회당 50~80분
- 대상: 청소년 집단 8명 이내

4. 프로그램 세부내용

회기	단계	주제	활동내용
1	초기	나를 광고하기	• 프로그램 소개와 규칙 제시 • 광고판 활동을 통해 자기를 소개 • 집단원 간의 라포형성과 욕구 탐색
2		나의 꿈은?	• 현재의 꿈이나 욕구, 소망을 집단원 간 상호 탐색 • 프로그램 참여 목표 수립 • 목표를 수립하고 참여동기 부여
3		함께해 볼까?	• 함께한다는 것의 의미를 생각 • 퍼즐조각을 꾸미고 서로 맞춤 • 집단원 간의 친밀감 증진
4	중기 1	My Name	• 자신의 이름에 대해 탐색 • 자신의 이름을 멋지게 장식하고 소개 • 자아인식과 자기개념 형성
5		나의 강점 나무	• 간이 강점검사를 통한 강점탐색 • 자신의 강점을 나무를 통해 표현 • 자아인식과 자기효능감 증진
6		성공 스토리북	• 과거 자신의 성공 경험을 찾아보고 소개 • 자신의 성공 경험에 대해 성공 스토리북 제작 • 자기이해와 자기효능감 증진
7		자신감 사진전	• 자신이 생각하는 자신감의 의미에 대해 나누고 표현 • 자신감 있는 포즈를 찾아서 사진으로 표현 • 자기효능감과 긍정적 자아상 형성
8		꿈 그리기	• 자신의 꿈에 대해 연상 • 석고붕대로 손을 본뜬 후, 나의 꿈 그리기 • 자기이해와 긍정적 자아상 형성

9	중기 2	Mind Map	• 집단원이 함께 자신을 대표하는 키워드 찾기 • mind map 활동을 통해 사고의 확장을 경험 • 자기인식 확장 및 긍정적 자아개념 형성
10		나에게 맞는 진로탐색	• 다양한 직업군에 대해 탐색 • 나와 잘 맞는 관심 분야와 직업에 대해 탐색 • 진로에 대한 방향성 탐색
11		인생의 문	• 원하는 것과 해야만 하는 것 • 3개의 인생의 문을 통해 선택의 방향성 찾기 • 진로에 대한 방향성 탐색
12		Life Schedule	• 미래의 모습을 상상해 보고 묘사함 • Life Schedule 작업을 통해 구체적인 목표 설정 • 진로에 대한 구체적인 방향성 모색
13	종결기	My Way	• 그동안의 과정에서 느낀 삶의 목표 탐색 • 자신의 과거, 현재, 그리고 미래의 길 • 삶의 과정에 대한 인식과 미래의 방향성 찾기
14		미래의 자화상 (오늘의 나에게 쓰는 편지)	• 20년 뒤의 자신의 미래의 모습을 표현함 • 미래의 내가 오늘의 나에게 편지 쓰기 • 미래의 모습을 구체화하기
15		새로운 목표 (되고 싶은 나를 위한 선언문)	• 초기에 세운 목표를 확인 • 되고 싶은 나를 위한 선언문을 작성하고 미래를 다짐 • 긍정적 비전을 형성과 구체적 목표 수립

1) 초기: 1~3회기

초기단계는 집단원이 프로그램을 이해하고 각자의 참여 목표를 수립함으로써 프로그램에 참여하는 동기를 부여하는 것을 목표로 한다. 청소년들은 대체로 집단상담프로그램에 대해 방어적이고 초기부터 흥미를 가지기보다는 비자발적으로 참여하게 되는 경우가 많다. 따라서 초기에는 가볍게 흥미를 유발하고 호기심을 가질 수 있도록 도와줄 필요가 있다.

1회기 나를 광고하기

첫 회기는 프로그램에 대한 성격 및 방향성을 제시하면서 흥미를 유발할 수 있도록 한다. 프로그램에 참여하는 동안 지켜야 할 규칙을 제시함으로써 상담적 분위기를 조성하고 집단을 구조화시킬 수 있도록 한다.

* 준비물: 규칙표(부록 참조), 4절 켄트지, 다양한 잡지, 가위, 풀, 색연필, 사인펜

◎ 도입

① 프로그램 소개: 프로그램 이름에 대한 설명과 프로그램의 진행 목적에 관해 설명한다.

② 규칙 제시: 15회기의 진행 기간에 집단원이 반드시 지켜야 할 규칙을 안내하고 서명을 받는다. 이러한 동의 과정은 앞으로의 상담을 구조화시키는 데 중요한 역할을 담당한다.

◎ 프로그램 진행

① 다양한 잡지를 제시하고, 잡지에서 자신을 나타내는 다양한 이미지나 문구 등을 찾아보게 한다.

② 화지에 찾아낸 이미지나 문구를 오려 원하는 대로 배치하여 붙이게 한다.

③ 사인펜이나 색연필 등으로 이미지를 추가하거나 꾸며 준다.

④ 완성 후 작품을 소개하고 피드백을 나눈다.

• 오늘 활동을 하면서 느낀 점은 무엇인가?

• 오늘 새롭게 알게 된 점은 무엇인가?

• 알게 된 점 중에 한 주간 내 생활에 적용해 볼 수 있는 것은 무엇일까?

유의점
• 규칙을 제시할 때 집단원이 함께 규칙을 소리를 내어 읽는 것이 중요하다.
• 상담사가 무엇 때문에 이 규칙을 지켜야 하는지를 상세히 설명해 줄 필요가
  있다.

2회기　나의 꿈은?

　현재 자신이 가진 꿈이나 욕구, 소망 등을 탐색하고 이번 프로그램에서 각자
가 획득하고자 하는 목표를 수립하도록 한다. 집단프로그램에서 각자가 자신
만의 욕구를 인식하고 목표를 정하는 것은 참여 동기에 중요한 영향을 준다.
꿈이나 욕구, 소망 등이 없는 집단원에게는 다른 집단원의 이야기들을 통해 자
신에 대해 고찰하는 시간이 될 수 있다.

　* **준비물**: 아이클레이(빨강, 파랑, 노랑, 흰색, 검정), 우드록판(A4사이즈), 쇼클
　　립(소형), 메모지, 사인펜, 꿈 나누기 활동지

◎ 도입
　① 꿈이란 무엇인가에 대해 이야기한다.
　　"사람은 누구나 원하는 것들이 있습니다. 누군가는 좋은 집에서 사는
　　것을, 누군가는 자신의 이상형에 가까운 이성 친구를 원하기도 합니
　　다. 좋은 성적을 받기를 원하기도 하고, 지금 당장 실컷 자는 것을 원하
　　기도 하죠. 이처럼 우리는 크고 작은 소망들을 가지고 있기 마련입니
　　다. 이번 시간에 우리는 지금 내가 가지고 있는 장래의 꿈이 무엇인지
　　에 대해 생각해 보고자 합니다. 내가 가지고 있는 꿈이 무엇인지 생각
　　해 보고 이에 대해 나누기를 원합니다."
　② 집단원 간에 서로의 꿈에 대해 나누는 시간을 갖는다. 먼저, 각자 준비
　　된 활동지에 상대방의 꿈이나 욕구, 소망에 대해 적은 후 집단원에게
　　소개하는 시간을 가진다.

<꿈 나누기>

1. 친구 이름: _____

2. 현재 원하는 꿈: _____

3. 그 이유는? _____

4. 그 꿈을 이루는 데 방해가 되는 것은? _____

5. 그 꿈을 이루기 위해 꼭 필요한 조건: _____

◎ 프로그램 진행

　① 아이클레이로 조금 전 나누었던 내 꿈을 이미지로 만든다.

　② ①에서 만든 형상을 우드록판 위에 배치한 후 쇼클립을 상단에 꽂는다.

　③ 먼저 나누었던 꿈을 이루기 위한 조건들에 대해 상기시킨다.

　④ 이번 프로그램 동안 꿈을 이루기 위해 어떤 목표를 세우고 싶은지에 대해 생각하고 메모지에 적는다.

　⑤ 메모지를 쇼클립에 꽂아 준다.

　⑥ 각자의 작품과 목표를 소개하고 피드백을 나눈다.

　　• 오늘 활동을 하면서 느낀 점은 무엇인가?

　　• 오늘 세운 목표에 대한 소감은 무엇인가?

　　• 한 주 동안 나는 어떤 실천을 해 볼 것인가?

유의점

• '꿈 나누기' 활동지는 집단원이 기록만 할 수 있도록 상담사가 미리 준비하도록 한다. 질문의 종류는 변경할 수 있다.

3회기   함께해 볼까?

집단프로그램은 집단원 간의 상호 신뢰감도 중요하다. 대부분의 청소년 집단의 경우 학교를 기반으로 하는 경우가 많아 서로 잘 아는 관계인 경우가 대부분이다. 그러나 상담프로그램이라는 환경에서 서로의 내밀한 이야기들을 나누는 관계가 형성되어 있다고 보기는 어렵다. 이번 회기는 앞으로의 여정을 함께할 집단원이 좀 더 친밀감과 신뢰감을 형성할 수 있도록 돕는 것을 목적으로 하고 있다.

* **준비물**: 사인펜, 색연필, 12색 유성매직, 그림이 그려진 우드록 조각판들

◎ 도입

한 주간의 경험들에 대해 나눈 후, 집단프로그램에 함께 참여한다는 것에 대한 느낌들을 나눈다.

◎ 프로그램 진행

① 상담사는 집단원에게 상담사가 미리 준비한 퍼즐 조각을 나누어 준 후, 어떤 그림일지 유추해 보게 한다.

② 집단원은 각자의 퍼즐을 제시된 채색도구를 이용하여 채색한다.

③ 채색이 완료된 퍼즐을 다 같이 맞춰 본다.

④ 완성된 그림을 보며 제목을 정하고 소감을 나눈다.

• 오늘 활동을 하면서 느낀 점은 무엇인가?

• 함께해서 좋은 점은 무엇인가?

• 한 주 동안 나는 어떤 실천을 해 볼 것인가?

유의점

• 상담사는 집단원 수에 맞춰서 그림이 그려진 우드록판을 퍼즐 모양으로 잘라 준비한다. 그림 도안은 조각을 봐서 유추하기 어려운 그림으로 정하는 것이 좋다. 우드록판 사이즈는 집단원 크기에 맞춰 조절하며, 조각의 크기는 20×20cm가 적당하다.

• 우드록 퍼즐 조각을 상담사가 미리 준비할 때 조각이 지나치게 작거나 크지 않도록 크기에 유념하여야 한다. 지나치게 작을 경우 퍼즐 맞추기가 어려워질 수 있으며, 지나치게 크면 너무 쉽게 유추할 수 있고 맞추기 쉽기 때문에 성취동기가 떨어진다. 경우에 따라 종이 인쇄물을 활용할 수 있다.

2) 중기 I: 4~8회기

초기단계에서 어느 정도 동기가 부여되고 목표가 수립되었다면, 중기단계는 자신의 진로방향을 찾기 위한 자아 인식을 형성하고 성취경험을 통한 자기효능감을 높일 수 있도록 한다. 자신의 강점을 발견하고 이를 통하여서 할 수 있다는 자기 자신에 대한 신뢰감을 높인다.

4회기   My Name

자아 인식 형성을 위해 자신의 이름에 대해 생각해 보는 시간을 갖도록 한다. 이름은 나를 대표하는 키워드인 동시에 나를 설명하는 브랜드가 되기도 한다. 따라서 자신의 이름에 대해 새롭게 고찰해 봄으로써 자기 자신에 대해 돌아보는 시간을 가질 수 있다.

* 준비물: 8절 켄트지, 크레파스, 색연필, 사인펜, 수채화도구, 가위, 풀, 다양한 비즈스티커, 우드록판(2절 사이즈)

◎ 도입: 내 이름이 불리는 순간

　① 집단원이 각자 자신의 이름을 소개하고 이름의 뜻에 대해 이야기한다.

　② 내 이름이 불렸던 순간들에 대해 나눈다.

　　• 기분 좋았던 순간

　　• 기분 나빴던 순간

　　• 자랑스러웠던 순간

　　• 부끄러웠던 순간

◎ 프로그램 진행

　① 8절지에 자신의 이름을 블록체로 크게 쓴다.

〈예시〉　　ㅁ｜음

　② 이름 안에 채색도구와 비즈 스티커를 이용하여 멋지게 장식하고 꾸며
　　준다.

　③ 완성된 작품을 집단원에게 소개한다.

　④ 우드록판에 각자 자신의 작품을 붙여 주고 전시한 후에 소감을 나눈다.

　　• 오늘 활동을 하면서 느낀 점은 무엇인가?

　　• 오늘 새롭게 알게 된 내 이름의 의미는 무엇인가?

　　• 한 주 동안 나는 어떤 실천을 해 볼 것인가?

5회기　　**나의 강점 나무**

　이번 회기는 집단원이 자신이 가지고 있는 좋은 자원들을 탐색하고 이를 통해 긍정적인 자아개념을 형성할 수 있도록 돕는 데 목적을 두고 있다. 이를 위해 강점 검사지를 활용함으로써 좀 더 구체적으로 자신의 강점들을 살펴볼 수 있도록 하며, 발견한 강점을 외현화시켜서 좀 더 명시적으로 다가올 수 있도록 돕는다.

* **준비물:** 4절 켄트지, 크레파스, 색연필, 사인펜, 수채화 도구, 강점검사지[*]

◎ **도입**

   1. 경험 나누기: 한 주간의 경험들에 대해 나눈 후, 자신이 생각하는 나의 장점 한 가지씩 이야기를 해 본다.

   2. 간이 강점검사

   ① 강점검사를 실시한다.

   ② 실시한 검사의 점수를 내고 나의 대표강점이 무엇인지 살펴본다.

   ③ 자신의 대표강점에 대해 나눈다.

   ④ 대표강점 연마를 위한 방법에 대해 나눈다.

◎ **프로그램 진행**

   ① 자신의 강점을 생각하며, 나무 한 그루의 이미지를 떠올려 본다.

   ② 떠올린 나무 이미지를 4절 켄트지에 그리고 색칠한다.

   ③ 완성된 나무 그림을 보며 느낌을 나눈다.

   ④ 나무에 더 추가되었으면 하는 것들을 그려 준다.

   ⑤ 작품을 소개하고 소감을 나눈다.

   • 오늘 활동을 하면서 느낀 점은 무엇인가?

   • 오늘 새롭게 알게 된 점은 무엇인가?

   • 한 주 동안 나는 어떤 실천을 해 볼 것인가?

유의점

• 자신의 강점나무를 표현할 때 세상에 하나뿐인 특별함을 강조하여 집단원 스스로가 자기 자신에 대해 긍정적인 표상을 가질 수 있도록 한다.

---

* M. seligman의 『긍정심리학』(2002) 또는 https://www.Viame.org/Survey/account/register 참조

6회기　성공 스토리북

　　집단원이 자신의 성취경험을 떠올리고 공유함으로써 자신에 대한 긍정적 자원을 끌어올리는 회기이다. 살아가면서 사람들은 자신이 성공한 기억보다는 실패하고 좌절한 기억들로 인해 자존감이 낮아지고 부정적인 자아를 형성하는 경우가 많다. 청소년기의 건강한 진로방향을 결정하기 위해서 좀 더 긍정적인 자아개념을 형성할 필요가 있는데, 자신이 성공했던 경험들을 나눔으로써 긍정적 자아인식을 촉진할 수 있다.

　　* **준비물:** 8절 색지, 사인펜, 색연필, 가위, 양면테이프, A4용지, 성공 경험 활동지(부록 참조)

◎ **도입**

　1. 경험 나누기: 한 주간의 경험들에 대해 나눈 후, 1주일 동안 잘했다고 생각하는 일과 잘못했다고 생각하는 일에 대해 이야기를 나누어 본다.

　2. 과거의 성공 경험 찾기

　　• 살아오면서 어떤 도전이나 경험, 시도했던 일들 중 성공했던 경험을 떠올려 본다.

　　• 집단원이 한 명씩 자신의 성공 경험을 활동지에 적고 발표한다.

　　• 서로 간의 피드백을 나눈다.

◎ **프로그램 진행**

　① 1인 A4용지 2장을 제시하고 반으로 접는다.

　② 8절 색지 역시 반으로 접은 후에 ①을 양면테이프를 이용해 색지 사이에 끼워 붙여서 책으로 만든다.

　③ ②를 완성한 후, 사인펜과 색연필을 이용하여 자신의 성공 경험을 이야기로 만들어 본다.

④ 완성된 책의 표지에 제목과 삽화를 그려 넣고, 작가 이름을 적어 준다.

⑤ 서로의 책을 나눠 본 후에 소감을 나눈다.

- 오늘 활동을 하면서 느낀 점은 무엇인가?
- 나의 성공 경험이 이후의 나의 삶에 어떤 영향을 줄 것인가?
- 한 주 동안 나는 어떤 실천을 해 볼 것인가?

유의점

- 성공 경험을 나눌 때, 상담사는 찾기 힘들어하는 집단원에게 너무 거창하고 대단한 성공이 아닌 아주 사소한 것이라도 발견할 수 있도록 도와줄 필요가 있다.

7회기   자신감 사진전

청소년기의 특징 중 하나가 바로 상상 속 청중이 존재하여 타인을 의식하게 된다는 점이다. 이러한 특징을 이용하여 타인에게 비추어지고 싶은 모습에 대해 탐색하고 이를 표현하기 위해 평소 청소년들이 익숙한 스마트폰 카메라를 이용한 기법을 적용하였다. 자신 있는 모습을 사진을 통해 외현화함으로써 좀 더 긍정적 자기개념을 고취할 수 있다.

* **준비물**: 스마트폰, 스마트폰 사진 인화지와 포토 프린터, 가위, 풀, 색지(4절 혹은 2절), 유성사인펜, 흰색 아이클레이

◎ 도입

1. 경험 나누기: 한 주간의 경험 속에서 자신 있게 했던 일이나 말, 행동에 대해 나눈다.

2. 자신감이란?

① 자신감이란 무엇인지 집단원이 각자 생각을 이야기한다.

② 어떨 때 자신감이 높아지고, 어떤 경우에 낮아지는지에 대한 경험을 나눈다.

③ 내 안의 자신감이 어떤 형태일지 흰색 아이클레이로 만든다.

④ ③에 대해 서로 이야기 나눈다.

◎ 프로그램 진행

① 집단원이 두 명씩 짝을 지은 후, 서로 자신 있는 포즈를 3~4개 정한다.

② 서로의 자신 있는 포즈를 스마트폰으로 상대방을 촬영해 준다.

③ 찍은 사진들을 포토 프린터로 인화한다.

④ 각자의 사진들 중 가장 맘에 드는 사진을 선택하여 색지에 붙인다.

⑤ 각자 자신의 포즈에 제목을 정하고 사진 하단에 적는다.

⑥ 사진들을 보며 느낌과 피드백을 나눈다.

  • 오늘 활동을 하면서 느낀 점은 무엇인가?

  • 오늘 새롭게 알게 된 점은 무엇인가?

  • 한 주 동안 나는 어떤 실천을 해 볼 것인가?

유의점

• 포토 프린터를 준비하기가 어렵다면, 집단원이 스마트폰으로 찍은 사진을 돌려보며 함께 감상하며 이야기를 나눌 수 있다. 이때, 다 같이 그 포즈를 직접 취해 보며 외현화 작업을 시행할 수 있다.

• 사진의 제목은 재미있는 제목으로 집단원이 개성 있게 지을 수 있도록 안내한다.

8회기 꿈 그리기

지난 회기까지 긍정적인 자아인식과 자기개념을 형성하도록 도왔다면, 이번 회기는 다음단계인 진로 방향성 탐색을 위한 전 단계라 할 수 있다. 자신의 꿈에 대해 세부적인 방향을 잡기 전에 전체적인 느낌만 표현해 보면서 구체적인 방향성으로 나아갈 준비를 한다.

  * **준비물**: 석고붕대(조각으로 잘라서 준비), 1회용 물그릇, 우드록판(A4사이즈), 드라이기, 글루건, 아크릴물감 세트, 붓, 팔레트, 물통, 조용한 명상음악

◎ 도입

잠시 눈을 감고 음악을 들으며 자신의 꿈에 대한 연상을 한다.

"잠시 눈을 감고 호흡을 가다듬습니다. 편안한 자세를 하고 손은 조용히 무릎 위에 놓습니다. 우리는 지금 시원한 바람이 불고 있는 언덕에 있습니다. 나의 뒤로는 커다란 나무가 나에게 그늘을 만들어 주며 나뭇잎이 바람에 살랑거립니다. 잠시 그 바람을 느끼며 서 있습니다. 조용히 나무에 기대어 앉습니다. 그리고 잠시 눈을 감아 봅니다 …… 눈을 감고 나의 미래에 대해 생각해 봅니다. 무엇을 하고 있는 몇 살의 나인지 떠올려 봅니다. 그 모습이 어떤 느낌으로 다가오는지 느껴 봅니다 …… 이제 눈을 떠 봅니다."

◎ 프로그램 진행

① 도입에서 연상된 모습이 어땠는지에 대해 나눈다.
② 자신의 두 손을 바라보며 떠오르는 생각을 돌아가며 발표한다.
③ 각자 어떤 손 모양을 본뜰지 생각한다.
④ 조각으로 잘라 준비한 석고붕대를 미지근한 물에 적셔 각자 자신의 한 쪽 손등에 얹은 후에 문질러 준다.

⑤ ④를 3, 4차례 반복한 후에 굳을 때까지 기다린다.

⑥ 드라이기로 석고 손을 말린 후, 아크릴물감을 이용해 도입 시의 연상했던 모습을 석고 손 위에 표현한다.

⑦ 완성된 작품을 우드록판 위에 글루건을 이용해 붙인다.

⑧ 작품을 감상한 후, 느낌을 나눈다.

- 오늘 활동을 하면서 느낀 점은 무엇인가?
- 오늘의 작품이 이후의 삶에 어떤 영향을 줄 것인가?
- 한 주 동안 나는 어떤 실천을 해 볼 것인가?

유의점

- 석고붕대는 상담사가 미리 조각을 3~5cm 정도의 간격으로 잘라서 준비한다.
- 석고붕대를 손등 위에 얹을 때에는 볼록한 면이 위로 오게 해야 한다.
- 완성된 석고 손을 우드록판에 글루건으로 붙일 때에는 드라이기로 완전히 건조시킨 후 붙이도록 한다.

3) 중기 2: 9~12회기

자신의 진로 방향성을 찾아가는 여정을 위해서는 그동안의 회기 과정 속에서 발견한 자아 인식과 자기개념이 바탕이 된다. 상담사는 집단원이 성취 경험과 강점 그리고 막연하게 가지고 있던 꿈들을 좀 더 실체화하고 현실적으로 나아갈 수 있는 방향을 제시할 수 있도록 돕는다. 이를 위해서는 좀 더 다양한 직업군에 대한 정보를 제시하여야 하며, 그 속에서 집단원이 진정 자신이 원하는 방향을 찾아낼 수 있도록 도와야 한다.

9회기   Mind Map

　자신에 대해 좀 더 구체화시켜 탐색하고 자신의 패턴을 찾아봄으로써 자기 인식을 좀 더 명확히 할 수 있도록 한다. 내 생각의 패턴을 찾고 이를 구체화시키는 것은 스스로의 인지구조를 인식하고 조정하는 데 도움을 줄 수 있다.

* 준비물: 4절 켄트지, 사인펜, 색연필, 풀, 색종이 4색(빨강, 파랑, 노랑, 회색), 가위

◎ 도입
　1. 경험 나누기: 한 주간의 경험을 나누고, 한 주간 느낀 점을 한 단어로 표현한다.
　2. 나의 키워드 찾기
　　① 각 집단원에게 빨강, 파랑, 노랑, 회색의 색종이를 나누어 주고 각각을 집단원 수에 맞게 등분하여 나눈다.
　　② 집단원이 돌아가며 각 집단원을 표현할 수 있는 단어를 적어 전달한다.
　　　• 빨강: 성격을 나타내는 단어(예: 활달, 명랑, 침착, 조용 등)
　　　• 파랑: 행동을 나타내는 단어(예: 재빠름, 느림, 산만, 두리번거림 등)
　　　• 노랑: 관계를 나타내는 단어(예: 친밀, 의리, 여럿이, 혼자 등)
　　　• 회색: 표정을 나타내는 단어(예: 미소, 뾰루퉁, 놀람, 침울 등)
　　③ 집단원이 적은 단어들을 각자 받고 4절 켄트지 위에 배열을 한다.
　　④ ③을 보고 공통된 단어들을 찾는다.
　　⑤ 찾아낸 단어들을 보며 자신을 나타낼 수 있는 키워드를 고른다.

◎ 프로그램 진행
　① 4절지 가운데에 도입 시 찾은 자신의 대표 키워드를 적는다.

② 대표 키워드에 가지를 3~4개 그리고, 연상되는 단어를 적는다.

③ ②에 적은 단어들에서 연상되는 단어나 장면 등을 2, 3개씩 적는다.

④ ③에 다시 각각의 단어에 대한 연상 단어들을 2~3개 적은 후 각각의 단어의 연상 단어를 한번 더 적어 준다.

⑤ 다 적은 후에 키워드에서 출발하여 어떤 생각들로 발전해 나갔는지에 대해 살펴보고 이야기를 나눈다.

- 오늘 활동을 하면서 느낀 점은 무엇인가?
- 오늘 새롭게 알게 된 점은 무엇인가?
- 한 주 동안 나는 어떤 실천을 해 볼 것인가?

⑥ 오늘 활동에 대한 소감을 나눈다.

유의점

- 상담사는 단어를 연상해 나가는 과정에서 다양한 관점에서 연상할 수 있도록 한다.
- 다양한 주제를 제시하며 집단원이 스스로에 대해 더욱 확장적으로 탐색할 수 있도록 돕는다.

10회기   나에게 맞는 진로탐색

다양한 직업군을 살펴보고 나에게 적합한 직업들을 살펴본다. 중기 1단계에서 탐색한 자신의 강점이나 자아개념, 그리고 지난 회기에 살펴본 자신의 키워드 등을 다시 한번 더 상기하면서 나에게 적합한 진로 방향성을 모색해 본다.

* **준비물:** 직업군 활동지(부록 참조), 다양한 직업의 종류 목록(부록 참조), 가위, 풀, 4절 켄트지, 사인펜, 색연필, A4용지

◎ 도입: 어떤 직업들이 있을까?

① 알고 있는 직업군, 직업에 대해 이야기한다.

② 집단원이 두 그룹으로 나누어 함께 직업군 활동지에 다양한 직업 스티커를 분류하여 붙인다.

③ 각 직업군의 특징에 대해 집단원이 상의하여 적는다.

④ 두 집단이 함께 ③을 보며 느낌을 나눈다.

◎ 프로그램 진행

① 그동안 탐색한 나의 강점과 키워드를 떠올려서 화지에 적는다.

② 도입 시 살펴본 직업들 중에서 자신이 관심 있는 직업군과 직업들을 찾는다.

③ ①과 ②를 살펴보며 적합 여부, 보완점 등을 적는다.

- 내 성향과 어울리는가?

- 나의 강점이 잘 발휘될 수 있는 직업인가?

- 나의 키워드와 잘 맞는가?

- 잘 맞는다면 이 직업을 위해 무엇을 준비해야 할까?

- 잘 맞지 않는다면 이 직업을 위해 무엇이 달라져야 할까?

④ A4용지 상단에 ②에서 찾은 직업 중 한 가지를 선택하여 기재하고, 하단에 ③에서 살펴보았던 내용을 중심으로 하여 필요조건, 조건을 만들기 위한 방법, 그 직업을 성취하기 위한 방법을 작성해 본다.

⑤ ④를 보며 이야기를 나눈다.

⑥ 오늘 활동에 대한 소감을 나눈다.

- 오늘 활동을 하면서 느낀 점은 무엇인가?

- 오늘 새롭게 알게 된 점은 무엇인가?

- 한 주 동안 나는 어떤 실천을 해 볼 것인가?

유의점

• 다양한 직업 스티커는 상담사가 미리 준비하도록 한다. 부록에 실린 양식을
참고하여 A4 라벨지에 복사하여 떼기 쉽게 칼 선을 넣어 준비한다.

11회기   인생의 문

자신에게 적합한 직업이 무엇인지, 관심 있는 분야는 무엇인지에 대해 살펴
보았다면, 이번 회기에는 다시 한번 더 자신의 진로의 방향성에 대해 깊이 있게
고찰하는 시간을 가진다. 살면서 누구나 꿈을 가지고 그 꿈을 이루기를 원하지
만 때로는 성적에 맞춰서, 부모의 욕구나 주변의 주장에 휩쓸려서 자신의 미래
를 선택하게 되기도 한다. 11회기의 작업을 통해 집단원은 자신들이 진정 바라
는 미래상이 무엇인지, 진로의 방향은 무엇인지에 대해 진지하게 고민해 보는
시간을 가진다.

＊ 준비물: 4절 켄트지, 사인펜, 색연필, 4B연필, 지우개

◎ 도입
  ① 초등학생 시절에 가졌던 장래희망에 관하여 이야기 나눈다.
    • 초등학교 다니던 시절에 나의 장래희망은 무엇이었는가?
    • 그 꿈을 꾸게 된 이유는 무엇인가?
    • 그 꿈이 지금도 지속되고 있는가? 지속될 수 있는 이유는 무엇 때문
      인가?
    • 그 꿈이 지금은 바뀌었는가? 바뀐 이유는 무엇 때문인가?
  ② ①에서 나눈 대화 중 느낀 점을 나눈다.

◎ 프로그램 진행

① 4절지에 연필, 사인펜, 색연필을 자유롭게 이용하여 3개의 문을 그린다.

"화지 위에 3개의 문을 그립니다. 이 3개의 문은 여러분의 인생에 존재하는 문입니다. 3개의 문은 모두 똑같이 생겼을 수도 있고 모두 다르게 생겼을 수도 있습니다. 그 문들은 모두 열려 있을 수도 있고 닫혀 있을 수도 있습니다. 잠긴 문일 수도 있고 마음대로 열 수 있는 문일 수도 있습니다. 또한 그 문들은 돌로 만들어지거나 유리 또는 쇠, 나무 등으로 만들어져 있을 수도 있습니다. 잠시 눈을 감아 내 인생의 3개의 문은 어떤 모습일지를 떠올려 보고 화지에 그립니다."

② ①에 대해 서로 나눈다.

- 각 문은 어떤 재질로 되어 있나요?
- 문은 열려 있나요? 닫혀 있나요?
- 열려 있다면 그 이유는? 닫혀 있다면 그 이유는?
- 문에서 빠진 부분이나 추가된 것은 무엇이고, 그것은 무엇을 의미하나요?
- 선택하고 싶은 문과 선택하고 싶지 않은 문은 무엇인가요? 그 이유는?

③ ②에서 나누었던 문 중 선택하고 싶은 문이 열렸을 때 어떤 장소가 나타날지 이야기한다.

④ ③의 선택한 문이 그동안 자신이 생각했던 진로와 관련해서 어떻게 느껴지는지에 대해 이야기한다.

⑤ 오늘 활동에 대한 소감을 나눈다.

- 오늘 활동을 하면서 느낀 점은 무엇인가?
- 오늘 깨달은 나의 방향은 무엇인가?
- 한 주 동안 나는 어떤 실천을 해 볼 것인가?

Life Schedule

중기 2단계에서 살펴보았던 자신의 진로 방향성을 구체화하고 이를 이루기 위한 계획을 세워 본다. 막연하게 생각했던 부분들을 좀 더 외현화시킴으로써 스스로에게 좀 더 실제적으로 다가올 수 있도록 한다.

* 준비물: A4용지, 8절 켄트지, 필기도구, 색연필, 사인펜, 30cm 자

◎ 도입: 미래의 모습 상상하기
　① A4용지에 각자의 미래 직업을 사인펜으로 적는다.
　② 집단원이 돌아가면서 적은 직업을 말하고, 그 모습이 된 자신의 모습을 언어로 묘사한다.
　③ 느낌을 나눈다.

◎ 프로그램 진행
　① 8절 켄트지에 자를 이용하여 커다란 삼각형을 그린다.
　② 피라미드처럼 가로로 칸을 나누고 칸 옆에는 연령을, 칸 안에는 그 연령에 해야 할 일을 적는다. 제일 하단을 현재 시점으로 하며 제일 꼭대기가 자신이 이루어야 할 목표로 정한다.
　③ ②에 대하여 집단원이 소개를 하고 피드백을 나눈다.
　　• 오늘 활동을 하면서 느낀 점은 무엇인가?
　　• 당장 오늘 나는 어떤 계획을 세울 것인가?
　　• 한 주 동안 나는 어떤 실천을 해 볼 것인가?

〈예시〉 피라미드

유의점

• 미래의 모습을 상상하여 언어적으로 표현할 때 최대한 상세하게 묘사할 수
  있도록 한다.

4) 종결기: 13~15회기

종결단계는 그동안의 과정에서 탐색하고 발견했던 자신의 진로 방향성을 토
대로 하여 구체적인 계획을 세우고 비전을 형성하는 데 목적을 두고 있다. 자
신의 미래를 위한 긍정적인 비전을 세우고 이를 위한 앞으로의 구체적인 목표
를 설정하도록 한다.

13회기   My Way

종결 준비를 위한 첫 단계로, 중기단계를 거치면서 생각한 자신의 삶에 목표를 세우도록 한다. 자신의 미래에 목표를 세우기 위해서는 먼저 과거와 현재의 삶에 대한 조명이 선행될 필요가 있다. 이번 회기는 과거와 현재를 돌아보고 이를 통한 미래를 설계하는 것에 목적을 둔다.

* 준비물: 8절 켄트지, 색연필, 사인펜

◎ 도입: 내 삶의 목표

① 지난 회기까지의 과정 속에서 느낀 점에 대해 나눈다.

② 어떤 삶의 목표가 생겼는지 나눈다.

◎ 프로그램 진행

① 8절 켄트지에 길을 그린다.

② 길의 좌측을 출발점으로, 우측을 도착점으로 정한다.

③ 1/3 지점을 현재 시점으로 정한다.

④ 출발점부터 현재 시점까지 어떤 길이었는지 표현한다.

"이 길은 여러분의 인생의 길입니다. 태어나서 지금까지 여러분은 어떤 길을 걸어왔나요? 어떤 경우에는 꽃길이었을 것이고, 어떤 경우에는 자갈길이었을 수 있습니다. 또는 가시밭길이기도 하고 아스팔트나 숲길이기도 했을 겁니다. 어떤 길이었는지 그려 봅니다."

⑤ 각자 그린 길에 대해 소개하고 나눈다.

• 그 길에 장애물은 무엇이었을까? 장애물을 잘 넘었는가? 아니면 피했는가?

• 길을 걸어오는 동안 동행자는 누구였을까? 또는 협력자는 누구였을까?

- 그 길을 걷는 동안 가장 큰 성과는 무엇이었을까? 가장 큰 실패는 무엇이었을까?

⑥ 현재 시점부터 도착지점까지의 길이 어떨지 그림으로 표현한다.

⑦ ⑥에 대해 소개하고 나눈다.

- 앞으로의 길은 어떤 길일까?
- 그 길에서 만날 장애물은 무엇일까? 그것을 잘 극복할 수 있을까? 어떻게 극복하면 좋을까?
- 그 길을 함께 갈 동행자나 협력자는 누구일까?
- 이 길에서 얻고 싶은 성과는 무엇인가?

⑧ 오늘 활용에 대한 소감을 나눈다.

- 오늘 활동을 하면서 느낀 점은 무엇인가?
- 금주 나는 어떤 길을 걷고 싶은가?
- 한 주 동안 나는 어떤 실천을 해 볼 것인가?

유의점

- 과거, 현재, 미래의 길 작업 시, 상담사가 나누고자 하는 질문에 대해 집단원이 각자의 길에 기록을 하고 그 기록을 발표하며 나누어도 좋다.
- 나누기에 취약한 청소년의 경우에는 기록하고 그것을 읽음으로써도 충분히 자기를 표현한 효과를 보일 수 있다.

14회기   **미래의 자화상(오늘의 나에게 쓰는 편지)**

12회기에 언어적으로 표현해 보았던 미래의 모습을 이번 회기에는 외현화시켜 봄으로써 좀 더 실제적으로 미래를 느껴 보는 시간을 갖는다. 자신의 미래 모습을 그려 보는 작업은 막연하게 생각했던 모습을 구체화시켜 주기 때문에 좀 더 현실적으로 느끼고 경험할 수 있는 작용을 한다.

* 준비물: 4절 켄트지, 색연필, 사인펜, 4B연필, 지우개, 수채화도구, 필기도구, 편지지

◎ 도입: 내 미래의 모습

① 20년 뒤 자신의 모습을 상상한다.

"지금부터 여러분의 20년 후를 상상해 봅니다. 20년 후 나는 몇 살일까요? 어디에 살고 있을까요? 그리고 무엇을 하고 있을까요? 누구와 함께일까요? 어떤 옷을 입고 있을까요? 나의 머리 스타일은 어떤 모습일까요? 자신의 모습을 구체적으로 떠올려 봅니다."

② 4절 켄트지에 상상한 모습을 컬러링도구로 그린다.

③ ②에 대해 소개하고 피드백을 나눈다.

◎ 프로그램 진행

① 20년 뒤의 내가 현재의 나에게 어떤 이야기를 할지 편지지에 적는다.

② ①을 다른 집단원에게 읽어 준다.

③ 편지에 대해 소감을 나눈다.

④ 오늘 활동에 대한 소감을 나눈다.

• 오늘 활동을 하면서 느낀 점은 무엇인가?

• 내일의 나에게 하고 싶은 말은 무엇인가?

• 한 주 동안 나는 어떤 실천을 해 볼 것인가?

15회기 새로운 목표(되고 싶은 나를 위한 선언문)

본 프로그램의 마지막 회기로 그동안의 과정을 되짚어 보고, 새로운 시작을 준비하는 단계이다. 15회기까지 꾸준히 참여한 집단원을 격려하고 앞으로의 미래를 다짐함으로써 멋진 미래로의 출발을 축하하는 자리이다.

* **준비물:** 상장 용지, 필기도구, 붓펜, 손 코팅지, 다과

◎ **도입: 초기목표 확인**

    ① 2회기에 세웠던 참여목표를 확인한다.

    ② ①을 보며 지금 현재의 느낌과 생각을 나눈다.

◎ **프로그램 진행**

    ① 상장 용지 상단에 붓펜으로 "선언문"이라고 적는다.

    ② 용지의 중간에 선언문 내용을 적는다.

    ③ 완성된 선언문을 돌아가며 큰 소리로 읽는다.

    ④ 선언문을 손 코팅지로 코팅을 한다.

    ⑤ 선언문을 읽고 소감을 나눈다.

선언문

나 ○○○은 앞으로 _____이 되기 위하여
다음의 다짐을 선언한다.

1. 나는 _____.
2. 나는 _____.

              ⋮

5. 나는 _____.

                          20 년 월 일

                          성명: ○○○

○ 다과 나누기

다과를 나누며 15회기 동안의 경험에 대한 소감을 나누고 앞으로의 계획에 대해 이야기한다.

부록

■ 부록 1 아동의 분노조절을 위한 집단미술치료 프로그램

2회기: 분노는 어떤 느낌일까요?

⟨분노온도계⟩

나의 분노는 몇 도일까?

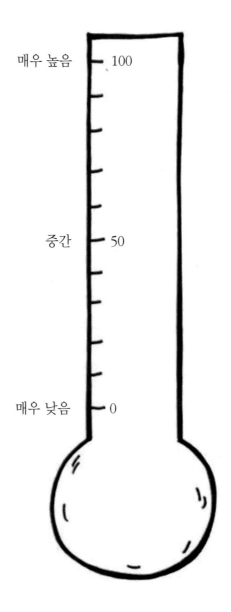

〈목표 활동지〉

6회기: 상황에 따른 해석과 탐색

〈물고기 도안〉

■ 부록 2 아동의 공격성 감소를 위한 집단미술치료 프로그램

3회기: 국수야~ 놀자!

〈불안주머니〉

7회기: 내 마음속에는 ○○가 살아요!

〈감정단어〉

신난다	괴롭다	호기심이 있다
화가 난다	무섭다	두렵다
기쁘다	불쌍하다	짜증 난다
슬프다	그저 그렇다	뿌듯하다
긴장감이 있다	억울하다	즐겁다
답답하다	행복하다	사랑스럽다
배가 고프다	만족스럽다	걱정된다

11회기: 아주 높이 올라가요!

〈질문지〉

"내가 되고 싶은 사람"

1. 꿈과 희망을 가지고 열심히 일하는 사람 (　　　)
2. 마음이 넓고 숨김이 없는 사람 (　　　)
3. 능력 있고 쓸모 있는 사람 (　　　)
4. 쾌활하고 명랑한 사람 (　　　)
5. 깨끗하고 단정한 사람 (　　　)
6. 용기가 있는 사람 (　　　)
7. 남의 잘못을 용서할 수 있는 너그러운 사람 (　　　)
8. 정직하고 성실한 사람 (　　)
9. 상상력이 풍부하고 창의성이 있는 사람 (　　　)
10. 지적인 사람 (　　　)
11. 남을 사랑할 수 있는 (　　　)
12. 순종적인 사람 (　　　)
13. 예의바른 사람 (　　　)
14. 책임감 있는 사람 (　　　)
15. 자립심이 강한 사람 (　　　)
16. 남의 말을 잘 들어주는 사람 (　　　)
17. 따뜻하고 부드러운 사람 (　　　)
18. 야망이 큰 사람 (　　　)
19. 잘 웃어 주는 사람 (　　　)
20. 칭찬을 자주 해 주는 사람 (　　)

14회기: 내가 주인공이야!

〈 상장 〉

제 ○○ 호

웃 음 상

대   상   ○○○○ 학교
○○○

위 학생은 ○○회기 동안

집단미술치료에 성실히 참여하여

웃음으로 친구들에게 행복을 나누었기에

이 상장을 수여함

20○○년 ○월 ○일

상담사 ○○○

■ 부록 3 아동의 자존감 확립을 위한 집단미술치료 프로그램

1회기: 나의 멋진 이름표

〈규칙지-아동용〉

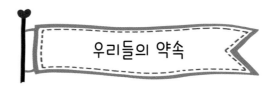

우리들의 약속

**나는 다음과 같은 규칙을 이해하고
프로그램이 끝날 때까지 지킬 것을 약속합니다.**

1. 상담실에서 있었던 친구들의 이야기를 밖에서 하지 않는다.　　　네 / 아니요

2. 친구가 이야기할 때 옆 친구와 장난을 하거나 친구의 이야기를
　 무시하지 않는다.　　　네 / 아니요

3. 프로그램 시간을 잘 지킨다.　　　네 / 아니요

4. 내 이야기를 할 때 진지한 태도로 발표한다.　　　네 / 아니요

5. ＿＿＿＿＿＿＿＿＿＿＿＿＿＿＿＿＿＿＿＿＿＿　　　네 / 아니요

6. ＿＿＿＿＿＿＿＿＿＿＿＿＿＿＿＿＿＿＿＿＿＿　　　네 / 아니요

7. ＿＿＿＿＿＿＿＿＿＿＿＿＿＿＿＿＿＿＿＿＿＿　　　네 / 아니요

나 ○○○는 이와 같은 규칙을 지킬 것을 약속합니다.

이름:　　　(인)

2회기: 나랑 너랑

〈짝꿍 인터뷰 활동지〉

잠깐! 인터뷰 부탁해요!!

나와 가장 가까운 가족은?

내가 좋아하는 친구는?

내가 싫어하는 사람은?

기자가 묻고 싶은 질문은?

6회기: 다섯 가지 감정 인형

〈감정 활동지〉

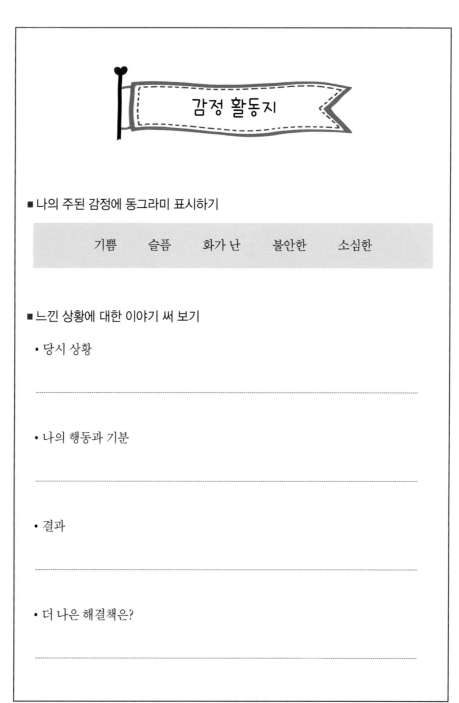

감정 활동지

■ 나의 주된 감정에 동그라미 표시하기

기쁨	슬픔	화가 난	불안한	소심한

■ 느낀 상황에 대한 이야기 써 보기

• 당시 상황

_____

• 나의 행동과 기분

_____

• 결과

_____

• 더 나은 해결책은?

_____

8회기: 행복한 나

〈신체 도안〉

9회기: 최고의 긍정왕

〈긍정얼굴 도안〉

9회기: 최고의 긍정왕

〈말풍선 도안〉

10회기: 소망나무

〈'너도? 나도!' 게임 활동지〉

과자 5개	TV 프로그램 5개	가수 5명	색 5개	동물 5마리

12회기: 종결파티 및 배지 수여

〈활동지〉

내가 사랑받는 이유

하나,
_____

둘,
_____

셋,
_____

넷,
_____

다섯,
_____

■ 부록 4 청소년의 우울 감소를 위한 집단미술치료 프로그램

7회기: 빛과 그림자

〈천사와 악마 그림〉

7회기: 빛과 그림자

〈역기능적 사고일지 양식〉

날짜	상황(사건)	감정	자동적 사고	논박(합리적 사고로 수정)
	〈예시〉 상담을 받으러 오는 일	수치심	• 내가 얼마나 한심하면 이런 곳까지 올까? • 다른 사람들이 나를 보고 수군거리는 것 같다.	• 우리가 살아가면서 몸이 아플 때는 내가 한심한 사람이라는 생각을 잘하지 않는데 마음이 아프다고 하여 한심하다고 생각하는 것은 비논리적 생각이다. • 다른 사람들이 자신을 쳐다보고 수군거린다고 생각하는 것도 내담자의 지각일 뿐, 이 바쁜 세상에 자기 자신도 추스르기 어려운데 내담자가 생각하는 것처럼 남들은 타인에게 그리 많은 신경을 쓰고 살아가지 않는다.

■ 부록 5 학교폭력 피해 청소년을 위한 집단미술치료 프로그램

1회기: 첫인상을 맞춰라!

〈첫인상 형용사〉

귀여운	착한	멋진	아름다운	침착한
온화한	현명한	호기심	영리한	엉뚱한
재빠른	용기 있는	똑똑한	소심한	차분한
매력적인	순수한	적극적인	성실한	박력 있는
활동적인	친근한	배려심	섬세한	따뜻한
소신 있는	의리 있는	다정한	사랑스러운	호감 가는

4회기: 또 다른 나

〈감정 카드〉

속상하다

싫다

피곤하다

실망스럽다

감동하다

망설여지다

후회스럽다

혼란스럽다

귀찮다

당황스럽다

우울하다

슬프다

억울하다

서럽다

고민되다

걱정되다

두렵다

놀라다

무섭다

안타깝다

힘들다

불편하다

외롭다

괴롭다

짜증나다

쓸쓸하다

얄밉다

마음 아프다

섭섭하다

뿌듯하다

즐겁다	화나다	긴장되다
신나다	행복하다	답답하다
사랑스럽다	기쁘다	만족스럽다

출처: 초등상담나무연구회. 공감대화카드. 서울: 인싸이트 심리검사연구소.

7회기: 날려 버린 스트레스

〈감정 단어〉

부정적 감정을 표현하는 단어

가소롭다	걱정스럽다	곤란하다	귀찮다	긴장된다
난처하다	답답하다	두렵다	미치겠다	민망하다
밉다	무안하다	무섭다	못마땅하다	바보같다
분하다	불쾌하다	부끄럽다	불안하다	당황스럽다
서글프다	서운하다	소름 끼치다	섭섭하다	신경질 난다
속상하다	슬프다	실망스럽다	서글프다	싫다
수치스럽다	쓸쓸하다	약오르다	얄밉다	야속하다
어색하다	어이없다	외롭다	우울하다	원망스럽다
어렵다	울고 싶다	울적하다	원통하다	애처롭다
주눅든다	지겹다	지루하다	짜증 난다	창피하다
처절하다	참담하다	초조하다	창피하다	허전하다
지루하다	혼란스럽다	화나다	흥분된다	허탈하다
후회된다	힘들다			

11회기: 명화 자화상

〈명화 자화상 그림〉

〈파이프를 물고 귀에 붕대를 한 자화상(Self Portrait with Bandaged Ear and Pipe)〉(1889),
빈센트 반 고흐

〈피리 부는 소년(Le fifre)〉(1866),
에두아르 마네

〈모나리자(Mona Lisa)〉(15세기경),
레오나르도 다 빈치

〈절규(The Scream)〉(1893),
에드바르 뭉크

〈진주 귀걸이를 한 소녀(Girl with a Pearl Earring)〉(1665),
요하네스 페르메이르

〈가시 목걸이를 한 자화상(Frida Kahlo de Rivera)〉(1940),
프리다 칼로

〈꽈리열매가 있는 자화상〉(1912),
에곤 실레

15회기: 종결식과 다짐 파티

〈인증서 양식〉

수 료 증 서

certificate of completion

_____

위 사람은

(   ) 미술치료 프로그램에 성실한 자세로

모든 회기에 빠짐 없이 참여했으므로 이를 높이 칭찬하고

이 증서를 수여합니다.

_____년 ___월 ___일

행 복 바 라 기 센 터

〈선언문 양식〉

선 서

나 ＿＿＿＿＿ 은 앞으로 내가 주인이 되는 나의 인생을
멋지게 살 것을 선서합니다.

1. 나를 사랑하자!

2. 나는 멋진 사람이다!

3. 내 인생의 플래너는 바로 나다!

4. 내 생각과 마음의 주인은 나다!

5. 가족과 친구를 사랑한다!

6. 앞으로도 나를 존중할 것이다!

이 세상에 가장 귀하게 와서 멋진 삶을 사는 나에게
정말 잘했다고 말합니다!
＿＿＿＿＿야! 괜찮아! 잘하고 있어. 앞으로도 빛나게 살자!

＿＿＿＿＿년 ＿＿월 ＿＿일

이름: ＿＿＿＿＿

■ 부록 6 청소년의 자아개념 확립을 위한 집단미술치료 프로그램

4회기: 내 마음의 사진첩

〈질문지〉

나의 좋은 습관과 나쁜 습관	내가 좋아하는 음식과 싫어하는 음식
내가 좋아하는 과목과 싫어하는 과목	내가 가장 듣기 좋은 말과 듣기 싫어하는 말
내가 화가 날 때 하는 행동과 기분 좋을 때 하는 행동	내가 좋아하는 사람과 싫어하는 사람
내가 좋아하는 게임과 싫어하는 게임	내가 즐겨 보는 유튜브 영상과 무섭거나 두려운 유튜브 영상
내가 좋아하는 연예인(TV프로)과 싫어하는 연예인(TV프로)	내가 잘하는 것과 못하는 것

7회기: 나는 _____?

〈질문지〉

나는?
자소상 제목:

1	나는 _____ 이다.
2	나는 _____ 하다.
3	나는 _____ 한다. 　어디서 _____ 　무엇을 _____ 　어떻게 _____
4	나는 _____ 했다. 　어디서 _____ 　무엇을 _____ 　어떻게 _____
5	나는 _____ 할 것이다. 　어디서 _____ 　무엇을 _____ 　어떻게 _____
6	나는 _____ 하고 싶다. 　어디서 _____ 　무엇을 _____ 　어떻게 _____

9회기: 나 알기

〈예시 단어장〉

자전거 타기	아이스크림	휴대전화	게임	요리	정원 가꾸기
엄마	아빠	여행	애완견	아프다	새
신나다	수영	꽃바구니	과일	친구	집안일
우유	춤추기	안경	배고픔	우리 집	가족
공부	미래	아프다	작다	달리기	컴퓨터
골목대장	음악 듣기	그림 그리기	시계	약	수학
명상	등산	빵	심부름	일등	여자친구
남자친구	영화 보기	영재	지루하다	학원	글짓기
우울하다	형제	대화하기	따뜻하다	영웅	꼴찌
사랑	가방	안경	책상	크레파스	힘
나누기	욕심	말 없음	지각	학교	착하다
인형	여유로움	휴대폰	고양이	분노	미움
유리	조심조심	답답하다	상처	편지	계단
바위	연예인	가수	아름답다	바보	고속도로
빨간색	어둠	아침	외로움	돈	명예
열정	순진	용수철	물	고래	사자
동굴	검정색	반짝이	수정		

10회기: 나의 성장나무

〈칭찬 꽃〉

13회기: 당신은 멋진 사람

〈인터뷰 질문지〉

날짜 20○○년 ○○월 ○○일

인터뷰 질문 내용	
1	지금 당신은 어떤 사람인가요?
2	지금 어디에서 무엇을 하고 있나요?
3	지금 누구와 함께 있나요?
4	지금 ○○○이(가) 된 기분은 어떤가요?
5	나는 무엇을 하고 싶은가요?
6	이 장면이 나의 최고의 순간이라고 꼽은 이유는 무엇인가요?

■ 부록 7 청소년 진로탐색을 위한 집단미술치료 프로그램

1회기: 나를 광고하기

〈규칙표-청소년용〉

규 칙

프로그램에 참여하는 동안 우리는 함께 화합하며, 즐거운 시간이 되기 위하여 다음의 규칙을 지킵니다.

- 프로그램에 참여하는 동안 긍정적이고 적극적인 태도로 프로그램에 임합니다.
- 다른 집단원의 의견을 존중하고 끼어들기, 무시하기 등 공격적인 모습은 하지 않도록 합니다.
- 프로그램 시간을 준수합니다.
- 프로그램 도중 나눈 이야기나 다른 집단원들의 정보에 대해 프로그램 참여 외의 장소 또는 그 외의 시간에 이야기되지 않도록 비밀을 지킵니다.
- 리더의 지시사항에 잘 따르며, 방해되는 행동을 하지 않도록 합니다.
- 나의 다짐: _____

나는 위의 사항을 꼭 지킬 것을 약속합니다.

이름: _____(인)

6회기: 성공 스토리북

〈성공경험 활동지〉

10회기: 나에게 맞는 진로탐색

〈직업군 활동지〉

농업, 임업, 수산업과 천연자원 관련	제조업, 상업	서비스업, 공공 서비스업
사무, 행정 관리직	운수, 건설업	영상, 통신매체 관련
여행, 놀이 관련	보건 관련	환경 관련
예술 관련	과학, 연구 관련	요리 관련

〈직업의 종류〉

국회의원	무기폭약 감정관	사이버포렌식 전문가	신재생에너지 사업자	용지조사원	종합무역 중개인
통관사무원	군수	무대감독	사진기자	실버로봇서비스 기획자	운동선수 매니저
주류제품 연구원	파티플래너	군인	문화관광 해설사	사진사	안경사
원전설비연구원	주방장	판사	금융기관 감독원	문화재보존가	사회복지사
안드로이드로봇 공학기술자	웹디자이너	중계방송 기술자	패션기술 디자이너	금융리스크 매니저	물리상담사
사회조사 연구원	안전위생관리 기술자	웹마스터	중학교 교사	펫시터	기계캐드사
뮤지컬배우	상담가	애널리스트	웹마케터	증강현실전문가	폐기물환경 관리원
기관차기관사	미용사	석유기술자	애니메이션 기획자	웹툰기획자	증권거래소 관리자
푸드 스타일리스트	기업재난관리자	반도체검사 기술자	선물거래중개인	애니메이션 스토리보드작가	웹프로그래머
지도제작기술자	풍선아티스트	나노공학 기술자	반도체제조 기술자	선박검사원	애드마스터
유리기술자	지하수관리 기술자	프레젠테이션 컨설턴트	네트워크 관리자	방사선기술자	성직자
애완동물 미용사	유비쿼터스 도시기획자	지하자원탐사 기술자	학예연구사	대법원장	방송송출기사
소방관	야생동물 재활사	유치원교사	차관	한의사	대통령
방송 아나운서	소방서장	약사	유치원 원장	초등학교 교사	항공교통 관제사
대학교무처장	방송책임 프로듀서	소방안전 관리자	양식장작업원	응급구조사	촬영감독
항공기기술자	데이터베이스 관리자	방송콘텐츠 기획판매자	소비자분석 연구원	어류사육사	의료장비기술자
취재기자	항공기상정보 지원전문가	데이터분석가	방재전문가	손해사정사	여론조사분석가

의사	치과의사	항공기 조종사	도로영업 관리자	배우	쇼핑호스트
여행작가	인터넷소설가	치위생사	항공무선통신사	도로포장기술자	배전공사 기술자
수경설계 디자이너	여행컨설턴트	인테리어 디자이너	친환경건축가	항해사	도시계획가
버섯검사원	수력발전 연구원	영리단체총괄 경영자	일러스트레이터	커플매니저	해설위원
동물사육사	벌목원	수의사	영상기기 연구원	임상병리사	컴퓨터바이러스 상담사
행사연출가	동물조련사	법무사	수화통역사	영상물번역가	자동차 디자이너
컴퓨터시스템 엔지니어	홀로그램전문가	두피모발관리사	벽지디자이너	스마트의류 개발원	영양사
자본시장 분석가	컴퓨터 프로그래머	화가	드론개발자	변리사	스타일리스트
영화감독	자연과학 연구원	컴퓨터하드웨어 설계기술자	화장품개발 연구원	디지털광고 게시판기획자	병원관리자
스포츠마케터	영화큐레이터	장관	케이블카 기술자	화장품기술자	디지털음원 마케터
병원중앙 공급실관리자	시멘트연구원	영화편집기사	장난감모형 제작원	콜센터운영 관리자	환경소재 연구원
라이프 스타일리스트	보험관리자	시장조사 현장관리자	영화프로듀서	재난정보시스템 기획관리자	크라우드펀딩 마케터
환경영향 평가원	로봇지능 개발자	부동산 개발업자	식품미생물 연구원	온실가스관리 컨설턴트	전산관리원
클레이 애니메이터	회계감사 관리자	마술사	부동산 중개인	신문판매국장	온실가스저감 기술연구원
전시기획자	탄소섬유공정 개발원	효과음향기사	만화에이전트	블로거	신발디자이너
외교관	조각가	태양광발전설비 설계기술자	심리상담사	메이크업 아티스트	빅데이터 전문가
신용평가 관리자	요리연구가	조경설계사	텔레마케터	매장매니저	모노레일 기술자
사서	신용평가 관리자	요양보호사	조림관리원	토목시공 기술자	퍼스널쇼퍼

※ 워크넷(https://www.work.go.kr) 참고

참고문헌

강현주(2012). 청소년 자아개념 변화와 지역효과. 이화여자대학교 사회복지전문대학원 박사학위논문.

교육부 학교 알리미 공시자료. www.schoolinfo.go.kr

구본용, 김택호, 김인규(1999). 청소년의 또래관계. 청소년상담문제연구 보고서.

권수정, 윤미선, 민제원(2019). 자기표현향상과 공격성감소를 위한 유・아동용 쌀점토미술활동프로그램의 효과. 한국교육방법연구, 2019, vol. 31, no.1.

김경은, 임지향(2003). 자아개념증진 집단미술활동이 아동의 공격성과 우울에 미치는 영향. 한국아동심리재활학회. 놀이치료연구. Vol. 7, No.2, pp. 25-40.

김동연, 이성희(1997). 결손가정아동의 자긍심 강화를 위한 집단미술치료. 한국미술치료학회, 4(1), 1-24.

김미영(2010). 정서 및 행동문제를 가진 아동과 청소년의 분노조절프로그램에 관한 고찰: 1990년에서 2010년까지의 국내외 실험연구를 중심으로. 특수아동교육연구, 12(4), 291-312.

김민선(2007). 초등학교 고학년아동의 공감이 또래수용도 및 친구관계에 미치는 영향. 서울여자대학교대학원 석사학위논문.

김봉환, 정철영, 김병석(2006). 학교진로상담. 서울: 학지사.

김성일, 정용철(2001). 청소년의 우울성향과 가정환경과의 관계. 한국청소년연구, 33(2001. 6), 한국청소년개발원.

김순자(2012). 호흡명상을 병행한 집단미술치료가 우울・불안청소년의 안녕감에 미치는 효과. 영남대학교대학원 박사학위논문.

김애리(2007). 정신분열형환자를 위한 점토중심의 집단미술치료. 서울여자대학교대학원 석사학위논문.

김영자(2009). 미술치료가 자폐아동의 공격성에 미치는 효과성 연구. 명지대학교대학원 석
　　사학위논문.

김웅자(2004). 부모역할지능이 유아의 자아개념 및 정서지능에 미치는 영향. 숙명여자대학
　　교대학원 석사학위논문.

김인선(2009). 집단미술치료가 학교부적응 아동의 학습동기와 자기효능감에 미치는 효과.
　　원광대학교대학원 박사학위논문.

김인선, 김설화, 오승주, 전은청(2018). **임상적용을 위한 미술치료기법**. 서울: 학지사.

김정화(2016). 청소년의 자아개념에 관한 집단사진치료 연구. 명지대학교 사회교육대학원
　　석사학위논문.

김지연(2003). 아동의 기질평정에 나타난 부모의 기질과 양육태도의 효과. 연세대학교대학
　　원 석사학위논문.

김진영(2017). 집단미술치료프로그램이 유아의 자기표현과 공격성에 미치는 효과. 한영대
　　학교대학원 박사학위논문.

김혜영(2001). 방임아동의 자존감(self-esteem)향상을 위한 현실치료프로그램 개발 및 효과
　　성 연구. **아동과권리**, 5(2), 61-80.

김호정(2001). 어머니의 정서표현성과 아동의 자기조절능력이 문제행동에 미치는 영향. 이
　　화여자대학교대학원 석사학위논문.

남궁유빈(2014). 청소년의 진로탐색능력신장을 위한 미술교육프로그램개발. 한양대학교대
　　학원 석사학위논문.

노수경(2014). 아동의 공격성감소를 위한 모자미술치료 단일사례연구. 가천대학교대학원
　　석사학위논문.

박소라(2008). 현실치료를 적용한 집단미술활동이 중학생의 자아정체감, 진로의사결정유형 및 진로결정효능감에 미치는 효과. 영남대학교대학원 석사학위논문.

박아름(2017). 저소득층 아동에 관한 미술치료의 연구동향과 효과에 대한 메타분석. 원광대학교보건 · 보완의학대학원 석사학위논문.

박효정(2013). 어울림 학교폭력예방 프로그램. 한국교육개발원.

백동현(2007). 학교폭력피해청소년의 학교적응을 위한 대처방안에 관한 연구: 교사인식을 중심으로. 경희대학교행정대학원 석사학위논문.

백양희, 장영숙(1998). 자신감이 결여된 아동의 자존감향상과 사회성함양을 위한 미술치료 사례연구. 한국미술치료학회, 5(2), 233-252.

송인섭(1997). 자아개념의 구조모형. 충주대학교 학생생활연구소 학생생활연구. Vol. 4, No.1.

오승주(2015). 인지행동치료를 기반으로 한 집단미술치료가 비행청소년의 애착. 분노표현 및 자동적사고와 공감에 미치는 영향. 원광대학교대학원 박사학위논문.

유만찬, 김진경(2013). 갖고 싶은 세계의 인형. 서울: 바다출판사.

윤석일(2017). 전통놀이를 활용한 자존감프로그램이 ADHD성향아동의 자존감 및 또래관계에 미치는 영향. 남서울대학교대학원 석사학위논문.

윤혜미(1997). 아동의 학대 및 방임경험이 아동의 부모자녀관계지각과 자존감에 미치는 영향, 한국아동복지학, 1(5), 95-120.

이경님(2001). 아동의 자기통제와 관련 변인간의 인과관계. 대한가정학, 39(2), 97-110.

이루다(2015). 문제청소년의 자아정체감 향상을 위한 미술치료프로그램개발. 고려대학교 교육대학원 석사학위논문.

이상희(2016). 한부모가정아동의 불안 및 공격성감소를 위한 미술치료사례연구. 신라대학교대학원 석사학위논문.

이성진(1998). **교육심리학서설**. 서울: 교육과학사.

이윤경(2003). 분노조절프로그램이 초등학교 저학년아동의 공격성감소에 미치는 효과. 연세대학교대학원 석사학위논문.

이장호 외(2009). **상담심리학의 기초**. 서울: 학지사.

이지민(2012). 아동의 가정환경에 따른 자아존중감과 공감능력 및 자기조절능력의 관계. 제주대학교대학원 석사학위논문.

이현정(2008). 미술치료가 청소년의 자아정체감과 진로의사결정에 미치는 영향. **한국예술치료학회**, 8(1), 69-90.

임현미(2006). 현실요법적 집단미술치료가 대안학교 청소년의 진로탐색에 미치는 효과. 대구대학교대학원 석사학위논문.

임희수, 박성연(2002). 어머니가 지각한 아동의 기질, 어머니의 정서조절 및 양육행동과 아동의 정서조절간의 관계. **아동학회지**, 23(1), 37-54.

전순영(2014). **미술치료의 치유요인과매체**. 서울: 하나의학사.

전은청, 이진숙(2010). 아동의모애착 및 분노와 정서행동문제간의 관계. **한국가정관리학회지**, 28(6), 157-167.

전은청, 이진숙(2014). 인지행동집단미술치료가 저소득층 아동의 분노조절에 미치는 영향. **한국아동학회춘계학술대회포스터논문**, 225-226.

전은청, 이혜진, 이진숙(2012). 아동을 대상으로 한 분노조절프로그램경향분석: 2000년~2010년도 국내논문을 중심으로. **아동과 권리**, 16(1), 73-95.

정옥분(2004). **발달심리학**. 서울: 학지사.

정은수(1992). 인간관계훈련이 피배척아동의 교우관계 개선에 미치는 효과. 고려대학교대학원 석사학위논문.

정은주, 정광석(2007). 청소년의 자아개념향상을 위한 미술치료 사례연구. **상담학연구**, Vol. 8, No.3, 1151-1168.

정하나(2014). 주요우울장애 경도군청소년을 위한 인지행동치료와 마음챙김 인지치료의 효과비교. 명지대학교대학원 박사학위논문.

최석란(2002). **어린이의 또래관계**. 서울: 다음세대.

최선남(1997). 집단미술치료의 치료적 요인에 관한 연구. **미술치료연구**, 4(2), 161-174.

최순영(2003). **인간의 사회·성격 발달심리**. 서울: 학지사.

최영희, 최영주(2019). 학대아동의 공격성감소를 위한 인간중심 미술치료사례연구. **한국예술치료학회지 2019**, vol. 19, No.1, 171-189.

최은영(2009). 집단미술치료가 해외거주청소년의 자아존중감과 우울 및 분노에 미치는 효과. 서울여자대학교대학원 석사학위논문.

최혜지(2016). 미술치료가 이혼가정아동의 우울 및 공격성 감소에 미치는 영향. 대전대학교대학원 석사학위논문.

팽은경(2005). 분노스트레스상황에서 자기표현 미술매체활동이 분노억제집단의 분노정서와 생리적각성에 미치는 효과. 중앙대학교대학원 석사학위논문.

홍양선(2008). 방임가정 중학생의 부적응행동에 대한 인간중심상담사례연구. 대불대학교대학원 석사학위논문.

Alberty, R. E., & Emmons, M, L. (1995). A manual for assertiveness trainers: 1995 Supplement. San Luis Obispo, CA: Impact Publishers. Asendorpf Development of inhibited children's coping unfamiliaity. *Child Development*, 62, 1460-1474.

Bandura, A. (1973). Institutionally sanctioned violence. *Journal of Clinical Child*

Psychology, 2, 23-24.

Bandura, A. A., & Wood, R. E. (1989). Effect of perceives controllability and performance standards on self-regulation of complex decision making. *Journal of personality and Social Psychology, 56*, 805-814.

Beck, A. T. (2000). *Prisoner of hate: The Cognitive Basis of anger, Hostility, and violence.* New York: Perennial.

Berkowitz, L. (1989). *Advances in experimental social psychology. 22* (pp. 1-37). New York: Academic Press.

Betz, N. E., & Serling, D. A. (1993). Constructive validity of fear of commitment as an indicator of career indecidiveness. *Journal of Career Assessment, 1*, 21-34.

Campbell, J. D.(1990). Self-esteem and clarity of the self-concept. *Journal of peronal-ity and social Psychology, 59*, 538-549.

Chartrand, J. M., Ross, M. L., Elliott, T. R., Marmarosh, C., & Caldwell, S. (1993). Peeling back the onion: Personality, problem solving, and career decision-making style correlates of career indecision. *Journal of Career Assessment, 1*(1), 66-82.

Coopersmith, S. (1967). *The antecedents of self-esteem.* San Francisco: Freeman.

Crick, N. R., Grotpeter, J. K., & Bigbee M. A. (2002). Relationally and physically aggressive children's intent attributions and feelings of distress for relational and instrumental peer provocations. *Child Development, 73*(4), 1134-1142.

Crick, R., Casas, F., & Nelson, A. (2002). Toward a more comprehensive understanding of peer maltreatment: Studies of relational vicimization. *Journal of American Psychological society, 11*(3), 98-100.

Dollard, J. L. (1939). *Frustration and Aggression*. New Haven: Yale University Press.

Felker, D. (1986). 긍정적 자아개념의 형성(*Building Positive Self-Concepts*). 김기정 역. 서울: 문음사. (원전은 1974년에 출판).

Freud, S. (1961). The ego and the id. In J. Strachey (Ed. and Trans.), *The standard edition of the complete psychological works of Sigmund Freud* (Vol. 19, pp. 3–66). London: Hogarth Press. (Original work published, 1923).

Ginzberg, E., Ginsburg, S. W., Axelrad, S., & Herma, J. R. (1951). *Occupational choice: An approach to a general theory*. New York Columbia University Press.

Hartup, W. W. (1983). Peer relations. In He therington(Eds). *Handbook of child psychology: Socia lization, social development, and personality* (Eds.). New York: Wiley.

Holland, J. L., Gottfredson, D. C., & Power, P. G. (1980). Some diagnostic scales for research in decision making and personality: Identity information, and barriers. *Journal of Personality and Social psychology, 22*, 1191–1200.

Kagan, J. (1971). *Personality development*. New York: Harcourt Brace Jovanovich Inc.

Knox, M., King, C., & Hanna, G. (2000). Aggressive behavior in clinically depressed adolescents. *Journal of American Academy of Child and Adolescence Psychiatry, 39*, 611–818.

Lewisonhn, P. M., Rohde, P., & Seeley, J. R. (1998). Major depressive disorder in older adolescents: Prevalence, risk factors and clinical implications. *Clinical Psychology Review, 18*(7), 765–794.

Lorenz, K. A. (1966). *On Aggression*. New York: Marcourt, Brace and World Co.

Malchiodi, C. A. (1998). *Understanding Children's Drawings*. New York: The Guilford Press.

Mullin, R. N. (2003). *Relational Aggression: A different kind of bullying. Principal. (Reston, Va), 82*(5), 60-61.

Noah Hass-Cohen et al. (2018). 미술치료와 신경과학. (김갑숙 외 공역). 서울: 학지사.

Olweus, D. (1997), Bully/victim problems in school. *European Journal of Psychology of Education*, Vol. 12.

Plummer, D. M. (2008). *Anger management games for children*. London, GBR; Jessica Kingsley Publishers.

Ray, D. C., Blanco, P. J., Sullivan, J. M., & Holloman, R. (2009). An Exploratory Study of Child-Centered Play Therapy With Aggressive Children. *International Journal of Play Therapy, Vol. 18*, No. 3, 162-175.

Rogenberg, M. (1965). *Society and adolescent self-image*. New York: Princeton University Press.

Seligman. M. (2002). 긍정심리학(2014). (김인자, 우문식 역). 서울: 도서출판 물푸레, 한국 긍정심리연구소.

Smith, P. K. (2004). Bullying: Recent developments. *Child and Adolescent Mental Health*, 9.

Sullivan, H. S. (1953). *The interpersonal theory of psychiatry*. New York: Norton.

Super, D. E. (1972). Vocational development theory: Persons, positions, and processes. In J. M. Whiteley & A. Resnikoff (Eds.), *Perspectives on vocational development*. Washing, DC: National Vocational Guidance Association.

Zillmann, D. (1979). *Histility and aggression*. Hillsdale, NJ: Lawrence Erlbaum.

저자 소개

김인선(Kim In Sun)

성신여자대학교 미술대학 석사

원광대학교 동서보완의학대학원 미술치료 석사

원광대학교 일반대학원 보건학과 예술치료전공 박사

전 성신여자대학교, 경성대학교, 원광대학교, 원광대학교 대학원, 광주여자대학교 외래교수

　　원광대학교 동서보완의학대학원 예술치료학과 초빙교수

현 원광보건대학교 간호학과 겸임교수

　　(사)한국예술치료학회 부학회장

　　(사)한국예술치료학회 전북지부 김인선미술치료연구소 소장

　　발달재활서비스 제공인력 자격관리 미술심리재활영역 분과위원

〈주요 저서〉

마음을 읽어줘!(공저, 양서원, 2011)

임상 적용을 위한 미술치료기법(공저, 학지사, 2018)

〈주요 논문〉

미술치료를 위한 미술재료와 매체(한국예술치료학회지, 2004)

정서장애 아동의 전반적인 능력향상을 위한 미술치료 사례연구(한국예술치료학회지, 2004)

자기표현에 어려움이 있는 성인의 정신역동적 미술치료 사례연구(한국예술치료학회지, 2014)

전은청(Chun Eun Chung)

원광대학교 동서보완의학대학원 미술치료 석사

전북대학교 생활과학과 아동상담전공 박사과정 수료

전 고구려대학교 아동복지학과 겸임교수

현 전주 마음샘아동가족상담센터 소장

〈주요 저서〉

임상 적용을 위한 미술치료기법(공저, 학지사, 2018)

〈주요 논문〉

만화기법을 이용한 집단미술치료가 정서장애아동의 대인관계향상과 공격성 감소에 미치는 영향: 지역아동센터 아동을 중심으로(한국예술치료학회지, 2009)

아동의 모 애착 및 분노와 정서·행동문제간의 관계(공동, 한국가정관리학회지, 2010)

아동을 대상으로 한 분노조절프로그램 경향분석: 2000년~2010년도 국내논문을 중심으로(공동, 아동과 권리, 2012)

이혜진(Lee Hye Jin)

원광대학교 동서보완의학대학원 미술치료 석사

전북대학교 생활과학과 아동상담전공 박사과정 수료

전 서해대학교 유아교육과 외래교수

현 익산시 육아종합지원센터 상담사

　　(사)한국예술치료학회 전북지부 김인선미술치료연구소 수석연구원

〈주요 논문〉

통합적 미술치료가 만성정신분열증 환자의 상호작용에 미치는 영향(한국예술치료학회지, 2009)

아동을 대상으로 한 분노조절프로그램 경향분석: 2000년~2010년도 국내논문을 중심으로(공동,
　　아동과 권리, 2012)

오승주(Oh Seung Ju)

원광대학교 동서보완의학대학원 석사

원광대학교 일반대학원 보건학과 예술치료전공 박사

전 원광대학교 보건보완의학대학원 특수심리치료학과 외래교수

현 원광보건대학교 간호학과 겸임교수

　　(사)한국예술치료학회 세종연구소 오승주박사예술심리치료센터 소장

　　한국심리극역할극 상담학회 세종충청지부장

〈주요 저서〉

임상 적용을 위한 미술치료기법(공저, 학지사, 2018)

〈주요 논문〉

뚜렛장애아동의 불안감소 및 또래관계향상을 위한 예술치료 사례연구(한국임상치유예술학회,
　　2013)

인지행동이론을 기반으로 한 집단미술치료가 소년원재소 비행청소년의 부정적 자동적 사고와 공감
　　능력에 미친 영향(공동, 한국교정복지학회, 2015)

인지행동이론을 활용한 집단미술치료가 비행청소년의 애착과 분노에 미친 영향(공동, 한국청소년
　　시설환경학회지, 2015)

아동 · 청소년 집단미술치료 프로그램
Group Art Therapy Program for Children and Adolescents

2021년 1월 25일 1판 1쇄 발행
2022년 8월 10일 1판 2쇄 발행

지은이 • 김인선 · 전은청 · 오승주 · 이혜진
펴낸이 • 김 진 환
펴낸곳 • (주) **학지사**

　　　　04031 서울특별시 마포구 양화로 15길 20 마인드월드빌딩 5층

대표전화 • 02) 330-5114　　　팩스 • 02) 324-2345

등록번호 • 제313-2006-000265호

홈페이지 • http://www.hakjisa.co.kr
페이스북 • https://www.facebook.com/hakjisabook

ISBN 978-89-997-2235-6 93180

정가 **18,000원**

이 도서의 국립중앙도서관 출판시도서목록(CIP)은 서지정보유통지원시스템 홈페이지(http://seoji.nl.go.kr)와 국가자료공동목록시스템(http://www.nl.go.kr/kolisnet) 에서 이용하실 수 있습니다.
(CIP제어번호: CIP2020045118)

출판미디어기업 **학지사**

간호보건의학출판 **학지사메디컬** www.hakjisamd.co.kr
심리검사연구소 **인싸이트** www.inpsyt.co.kr
학술논문서비스 **뉴논문** www.newnonmun.com
원격교육연수원 **카운피아** www.counpia.com